Der bayerischen Geschichte auf der Spur

1 Das „unterirdische" Bayern

In Franken und Schwaben dagegen bildete sich eine Vielfalt aus Reichsgebieten, Hochstiften und adeligen Territorien heraus, die im Gefolge der napoleonischen Ära allesamt staatsbayerisch wurden und unter die Herrschaft der Wittelsbacher kamen.
Vom Herzogtum über das Kurfürstentum bis zum Königreich brachte es Bayern schließlich. 1918 erhielt das Land im Gefolge der Revolution erstmals den Titel Freistaat – seit 1921 erweitert um Coburg und sein Umland - , im Dritten Reich verlor es seine Eigenständigkeit gänzlich, aber schon 1946 wurde es wieder Freistaat, seit 1956 allerdings verkleinert um die bayerische Pfalz, die nun endgültig in das neue Bundesland Rheinland-Pfalz integriert wurde.

Diese großen Linien der Entwicklung Bayerns versucht das Buch in 14 Kapiteln nachzuzeichnen. Es wird mit diesem bunten Angebot, so ist zu hoffen, vielen Freunden der bayerischen Landesgeschichte, nicht zuletzt auch den zahlreichen Mitgliedern der historischen Vereine, als Bildgeschichte und unterhaltsame Lektüre ebenso dienen wie als Leitfaden zur Wissensvermittlung und als Strukturierungshilfe in der überwältigenden Fülle der historischen Überlieferung. Zu wünschen ist, dass es auch zum Hilfsmittel für die Geschichtsvermittlung in verschiedensten Bildungseinrichtungen wird.

Die Landes- und Regionalgeschichte und das aus ihr erwachsende Geschichtsbewusstsein sind unverzichtbare Garanten für die Erhaltung einer bayerischen Identität, die Sicherung des deutschen Föderalismus und die Entwicklung eines europäischen Pluralismus.
Aus dieser Sicht kann der Band auch als geschichtspolitischer Beitrag verstanden werden und zugleich als Bekenntnis eines überzeugten Regionalisten und unverzagten Föderalisten.

Rosenheim, im Juli 2011

Manfred Treml

Der hier vermittelte bildhafte Zugang zur Geschichte Bayerns bietet nicht nur mehr Anschaulichkeit, sondern auch ein höheres Maß an Authentizität. Didaktischer Wert und Lernpotenzial der Bilder und Objekte können nicht hoch genug eingeschätzt werden. Trotz ihrer Nähe sind sie zugleich oft sperrig und fremd für den heutigen Betrachter. Daher müssen sie in ihren historischen Kontext gestellt werden, der Betrachter benötigt Hilfe beim Lesen ihrer vielfältigen Botschaften.
So lag es nahe, die 14 Sendungen mit ihren über 80 Bildern und Grafiken durch ausführliche Erläuterungen, vor allem zu den Bildern, zu ergänzen. Für den interessierten Leser, der weitere Detailinformationen sucht, sind im Anhang zusätzliche Bildinformationen, weiterführende Literaturempfehlungen und eine Zeittafel beigefügt.

Der Blick des Historikers fiel bei dieser Spurensuche auf viele höchst unterschiedliche Zeugnisse der Geschichte, die fast eine kleine Quellen- und Realienkunde ergeben.
Der bunte Reigen reicht von archäologischen Überresten wie Faustkeilen, Keramikstücken, Münz- und Schatzfunden, Schmuckstücken und Kultgegenständen,
die nicht selten als Grabbeigaben auf uns gekommen sind, über Urkunden, bebilderte Güterverzeichnisse, illuminierte Handschriften bis hin zu Denkmälern und Monumenten. Unter den Gemälden nehmen Historienbilder eine besondere Stellung ein, weil sie stets mehrere Zeitschichten beinhalten.
Aber auch Fresken und Skulpturen, Grafik aller Art vom Holzschnitt über den Kupferstich bis zur Lithografie, Votivbilder als alltagsgeschichtliche Zeugnisse und seit dem 19. Jahrhundert Massenprodukte wie Postkarte, Plakat und Fotografie überliefern Geschichte und tragen historische Information, die sich erschließen und deuten lässt.

Das seit gut 200 Jahrhunderten bestehende Staatsbayern mit seinen drei Stammesgebieten, nämlich Altbayern, Franken und Schwaben, und ihrer einst durchaus eigenständigen Geschichte ist der Raum, dem sich dieses Buchwidmet.
Dabei sticht in der Vor- und Frühgeschichte die europäische Kultur der Kelten mit ihren Vorläufern in der Hallstattzeit und ihrer Blüte in der Latènezeit besonders hervor.
Kulturprägend ist für die südlichen Teile unseres Landes vor allem die Römerzeit geworden, deren 500-jährige Herrschaft in den Provinzen Raetia und Norikum markante Spuren hinterlassen hat.
Nach dem Abzug der Römer bestimmten die Stämme der Franken, Schwaben und Baiern mit ihren jeweils eigenen historischen Entwicklungen das Land. In Altbayern entstand ein Territorialstaat, der von wechselnden Herzogsgeschlechtern beherrscht und ausgebaut wurde, den Agilolfingern, Karolingern, Sachsen, Welfen und seit 1180 von den Wittelsbachern, die Altbayern und die Pfalz bis 1918 regierten.

Einführung

In einer Studie des Bayerischen Rundfunks bekunden 90 % der Menschen in Bayern, dass sie stolz auf ihre Geschichte sind. Die Historie unseres Landes hat offensichtlich einen hohen Stellenwert im öffentlichen Bewusstsein. Offen aber bleibt die Frage, was wir dazu zählen wollen und wie wir das entsprechende Wissen erwerben können.
Interesse an der Geschichte des eigenen Raumes ist jedenfalls ein guter Wegbereiter, um Identifikationsprozesse anzubahnen und Heimatgefühl entstehen zu lassen.
Die Landes- und Regionalgeschichte liefert mit ihren wissenschaftlichen Ergebnissen die fundamentalen Fakten, Inhalte und Erkenntnisse, auf denen sich schließlich ein fundiertes regionales Geschichtsbewusstsein aufbauen lässt.

Die Kenntnis von Land und Leuten zu vertiefen durch eine Spurensuche in 14 Kapiteln, versucht auch dieses Buch. Es basiert auf den 14 Sendungen „Der bayerischen Geschichte auf der Spur" in BR-alpha, dem Bildungskanal des Bayerischen Rundfunks.
Das Grundraster des Buches ist daher auch von der Sendereihe beeinflusst, im speziellen Zuschnitt auf 15-minütige „Kleinvorlesungen" ebenso wie durch die fernsehbedingte Bildorientierung.

Wer sich auf eine derartige Spurensuche begibt, ist von Unwägbarkeiten abhängig, vom Zufall der Überlieferung ebenso wie von der Bedingtheit einer subjektiven Auswahl.
Spuren der Geschichte sind uns in Quellen, Überresten, Dokumenten, Bildern und Monumenten erhalten, aus denen wir Geschichte rekonstruieren und mit deren Hilfe wir Geschichte vermitteln und Geschichten erzählen.
Archive, Museen und Bibliotheken bergen diese Schätze, auf unseren Straßen und Plätzen stehen historische Gebäude und künstlerisch gestaltete Erinnerungszeichen, die unser Geschichtsbewusstsein beeinflussen. Diese „Bilder aus der Geschichte"sind nicht unerheblich für die „Geschichtsbilder" in unseren Köpfen, mit denen wir uns in der Welt orientieren.

Das vorliegende bebilderte Geschichtsbuch kann allerdings keinen Gesamtüberblick liefern, sondern bestenfalls wie ein Leitsystem wirken. Es führt über breite Wege und schmale Pfade, zeigt Altbekanntes aus neuem Blickwinkel und hilft beim Entdecken neuer Perspektiven. Wie ein anschaulicher und abwechslungsreicher Begleiter „durcheilt" es die Jahrtausende, regt zu nachdenklicher Rückschau an und macht vielleicht sogar Appetit auf mehr.
Historisches Ausstellungswesen und Geschichtsvermittlung in Museen, zwei Bereiche, in denen ich ein halbes Leben lang tätig sein durfte, sind heute zwei bedeutende „Leitplanken" auf diesem Weg in die Geschichte.

INHALT

Bibliografische Information der Deutschen Nationalbibliothek
Die Deutsche Nationalbibliothek verzeichnet diese Publikation in der Deutschen Nationalbibliografie; detaillierte bibliografische Angaben sind im Internet über http://dnb.d-nb.de abrufbar.

www.verlag-pustet.de

ISBN 978-3-7917-2369-3

Gefördert von:

Bayerische Einigung e.V.
Bayerische Volksstiftung

Einbandgestaltung und Satz: Heike Jörss, Regensburg
Druck und Bindung: Friedrich Pustet, Regensburg
Printed in Germany 2011

Manfred Treml

Der **bayerischen Geschichte** auf der Spur

Verlag Friedrich Pustet

Wie alt ist eigentlich unser Bayern?
Mit dieser Frage lassen sich engagierte Diskussionen auslösen, die oft mit der Herkunft der Diskutanten zu tun haben. Die Franken und die Schwaben werden sich in der Regel auf einen Zeitraum von 200 Jahren beschränken. Die Ober- und Niederbayern dagegen rühmen die mindestens tausendjährige Geschichte ihres Landes wie sie auch in der Bayerischen Verfassung fixiert ist. Und für die Oberpfälzer bleiben immerhin noch 500 Jahre der Zugehörigkeit zu Altbayern. Vergessen aber wird regelmäßig die Vor- und Frühgeschichte des bayerischen Raumes.
Vielleicht liegt das auch daran, dass die eigentlichen Experten für diese Zeiträume nicht die Historiker, sondern die Archäologen sind. Dieses „unterirdische" Bayern, das einen Zeitraum von über 300 000 Jahren umfasst, erforscht die Archäologie, die „Wissenschaft mit dem Spaten", nicht nur durch Grabungen, sondern inzwischen auch mit modernsten naturwissenschaftlichen und technischen Methoden. Vor allem die hoch spezialisierte Luftbildarchäologie hat etwa in den vergangenen Jahrzehnten die Forschung revolutioniert. Mit magnetischen Messungen werden immer neue Entdeckungen gemacht und die C-14-Methode der Datierung mittels Holzresten hat inzwischen eine unglaubliche Präzision erreicht.

Die gewaltigen Zeiträume der Vor- und Frühgeschichte sind grob eingeteilt nach den Leitmaterialien der jeweiligen Großepoche als **Stein-, Kupfer-, Bronze- und Eisenzeit**.
Zu einer detailreichen weiteren Untergliederung dieser großen Zeitabschnitte kommen dann differenzierende Zuordnungen nach Kulturkreisen und Regionen.
Wie das Leben in der Altsteinzeit ausgesehen hat, die in Bayern von etwa 300 000 bis etwa 10 000 vor Christi Geburt währte, muss aus zahlreichen Einzelfunden rekonstruiert werden. Vier große Eiszeiten, benannt nach den Flüssen Günz, Mindel, Riß und Würm, bestimmten den Alltag des vorgeschichtlichen Menschen. Sie brachten, unterbrochen von drei Wärmeperioden, Kälte, Schnee und bis zu 1000 m mächtige Gletscher, die weite Teile des heutigen Bayern bedeckten.
Die Horden und Sippen der damaligen Menschen lebten in einem „grünen Korridor", der sich zwischen Donau, Altmühl und Main hinzog, und fanden Schutz in den Höhlen der Flusstäler oder auf herausragenden Anhöhen. Faustkeile, überwiegend nicht älter als 250 000 Jahre, lassen menschliche Aktivitäten erkennen. Als besonders ergiebig erwiesen sich die Funde in der Sesselfelsengrotte im unteren Altmühltal, deren Fundschichten fünf altsteinzeitliche Fundkomplexe enthalten und einen Zeitraum von über 100 000 Jahren dokumentieren. Von großer Bedeutung ist auch das bekannte Große Schulerloch, das sich wenige weitere Kilometer altmühlabwärts befindet und dessen zeitliche Einordnung und archäologische Bewertung wieder einmal in der Diskussion steht.

Eines der ersten Zeugnisse menschlichen Lebens, die Hinterlassenschaft des *„Homo erectus" der* **Altsteinzeit**, ist der **Faustkeil** von Saal bei Kelheim. Dieser wurde Mitte der 70er Jahre auf einer Baustelle gefunden und stammt offensichtlich aus den Niederterrassenschottern an der Donau nahe der Ortschaft Saal. Aus feinkristallinem Quarz, ist der Faustkeil vermutlich aufgrund von Verwitterungs- und Einlagerungsprozessen gleichmäßig abgerundet. Eine der Kanten jedoch zeigt eine stärkere Zähnung, ein Hinweis auf unterschiedliche Verwendungsmöglichkeiten, etwa zum Schneiden, Schaben, Sägen oder Glätten. Alle von der Archäologie angestellten Vergleiche und Forschungsergebnisse sprechen dafür, dass der Faustkeil der Riß-Eiszeit und damit der Altsteinzeit angehört.

Im Paläolithikum, wie der Fachausdruck lautet, lebten die Menschen als nomadische Wildbeuter. In Fallen erlegten sie Bären, Hyänen, Wildpferde, Rentiere, Nashörner, Bisons und Mammuts. Mit Faustkeilen, Steinklingen und Steinschabern lösten sie Häute und die Sehnen ab, zerteilten das Fleisch und zerschlugen die Röhrenknochen, deren Mark sie als Leckerbissen schätzten. Tierfelle dienten als Kleidung und Decken.
Der *erste „Bayer" der Altsteinzeit,* jener Mensch, den die Gelehrten als „homo sapiens" bezeichnen, dürfte ein etwa dreißigjähriger Mann gewesen sein, dessen Skelett Anfang des 20. Jahrhunderts in einer der Klausenhöhlen bei Essing im Landkreis Kelheim gefunden wurde. Er hat der Forschung lange Zeit Rätsel aufgegeben und kontroverse Datierungen erfahren. Inzwischen hat man sich auf einen Zeitpunkt um 18000 v. Chr. verständigt.

Als sich nach dem Beginn der **Mittleren Steinzeit** (9600 bis 5600 v.Chr.) die Gletscher ins Hochgebirge zurückzogen, wurde das Land bewohnbarer.
Der eigentliche Wandel, eine geradezu revolutionäre Veränderung in der Menschheitsgeschichte vollzog sich, als die letzte Kaltzeit endete und um 5500 die Menschen begannen, Getreide anzubauen, Keramik herzustellen und Dörfer mit 50 Meter langen Holzhäusern zu bauen. Aus Jägern und Sammlern waren sesshafte Bauern und Viehzüchter geworden.
Die „neolithische Revolution", wie manche Wissenschaftler diesen radikalen Kulturwandel nennen, hatte auch Bayern erfasst. Offensichtlich bestanden aber *Nomadenkulturen* und *Bauerngesellschaften* zeitgleich nebeneinander. Ob die Bauern als Einwanderer ins Land kamen oder ob die ansässige Bevölkerung die bäuerliche Lebensweise selbst erlernt oder vermittelt bekommen hat, ist allerdings noch nicht ausreichend erforscht.
In der Mitte des 6. Jahrtausends jedenfalls sind die fruchtbaren Lössgebiete Bayerns bereits besiedelt: am Obermaingebiet und im Maindreieck, im Gäuboden und im mittleren Isartal bei Landshut sowie an der Altmühl und im Nördlinger Ries. Die Einödhöfe und kleinen Dörfer dieser Zeit waren kleine Inseln im dichten Mischwald. Knochen, Geräte, Erdwerke und Schmuck sind uns in reicher Zahl aus dem Neolithikum, der **Jungsteinzeit**, überliefert, so dass wir über die sesshaften Ackerbauern und Viehzüchter dieser Periode relativ gut Bescheid wissen.

Ausgrabungen einer Siedlung in der Donauniederung bei *Stephansposching* erlauben, ein Dorf zu rekonstruieren, das zwischen 5300 und 5000 v. Chr. bestand. Da zwischen 20 und 30 bewohnte Langhäuser nachgewiesen werden konnten, kann auf eine Dorfbevölkerung von ca. 120 Personen geschlossen werden. Benannt sind die Menschen dieser Epoche nach dem Ornament ihrer Keramik als Linearbandkeramiker. Die Ackerfläche um das Dorf betrug etwa einen Quadratkilometer, die Waldweide wohl ein Vielfaches. Vermutlich bewirtschaftete je eine Großfamilie ein Gehöft. Über die Jenseitsvorstellungen dieser Menschen erfahren wir manches aus den Bestattungsriten und den Grabbeigaben. Ein herausragendes Beispiel stellt das Gräberfeld von *Aiterhofen-Ödmühle* dar, das reiche Beigaben enthielt und bereits eine soziale Abstufung und geschlechterspezifische Ausstattung erkennen lässt.
Spektakulär sind auch die Ausgrabungen in der *Jungfernhöhle/Oberfranken*, die mit ihren Skelettresten von insgesamt 41 Personen – überwiegend Kinder und Jugendliche – sogar Vermutungen über kannibalische Riten der Zeit entstehen ließ, die allerdings inzwischen widerlegt sind.
Rätsel gibt den Wissenschaftlern auch die Kreisgrabenanlage bei *Ippesheim* (Lkr. Neustadt/Aisch) aus der Zeit zwischen 4900 und 4600 v. Chr. auf, in deren geometrischem Zentrum Schädel und Armknochen einer etwa 30-35jährigen Frau gefunden wurden. Sie lag dort in senkrechter Position mit dem Kopf nach unten und ist vielleicht im Rahmen eines Opferrituals gewaltsam zu Tode gekommen.

Aus der sog. Münchshofener Kultur, die zwischen 4500 und 4000 v. Chr. dominierte, ist uns eine Keramik überliefert, die mit ihrem Henkel und dem deutlich erkennbaren Rautenmuster als der **„erste Maßkrug"** bezeichnet werden kann. Dass der Krug aus Aiterhofen (Lkr. Straubing-Bogen) als Trinkgefäß diente, erschließen die Archäologen aus Form und Größe, die übrigens einen Inhalt von knapp 800 ccm ergibt, also nahe bei dem altbayerischen Schankmaß von „drei Quartl" liegt.

Eine Fülle an Kulturkreisen, Fundtypen und Lebensweisen sind zwischen 5500 und 2000 v. Chr. in Bayern fassbar. Keramik, Grabbeigaben, Skelette, Siedlungsspuren, Geräte und Werkzeuge, bieten die Grundlage für die Rekonstruktion von Geschichtsbildern, die im Grunde immer fragmentarisch bleiben müssen und meistens viele Fragen offen lassen.

Die nachfolgende **Kupferzeit** mit ihren Höhenburgen und den neuen Metallbearbeitungstechniken gehört zu den am wenigsten erforschten Perioden der Vorgeschichte Bayerns. Reichhaltiger dagegen sind die Erkenntnisse für die **Bronzezeit** zwischen 2200 und 800 v. Chr. , die natürlich dominiert war vom Werkstoff Bronze, der aus der Legierung von Kupfer mit Zinn entstand. Bronze war der erste künstliche Werkstoff des Menschen, der eine technische Revolution auslöste. Erstmals in der Menschheitsgeschichte konnten Waffen, Geräte und Schmuck aus einem harten Material in großer Freiheit gestaltet und massenhaft hergestellt werden. Die zahlreichen und umfangreichen Hortfunde dieser Zeit belegen diese Tatsache deutlich. Die Herkunft der o.g. Metalle, die in Bayern nicht vorkommen, ist allerdings noch nicht ausreichend erforscht.

Auch die Goldbearbeitung beherrschten die Menschen der Bronzezeit. Ein herausragendes Beispiel dafür ist der **Goldfund von Bernstorf**. „Mykene in Bayern" hat ein Archäologe diesen prächtigen Fund genannt, der zu einer Adelsburg auf einer Anhöhe bei Bernstorf im Ampertal gehörte und durch die Untersuchung beiliegender Holzreste, eine sog. dendrochronolgische Bestimmung, auf 1370 v. Chr. datiert wurde. Die geborgenen Goldbleche stellen eine nahezu vollständige Trachtausstattung der Bronzezeit dar. Das spektakulärste Stück ist sicher das kronenartige Diadem, die älteste „Krone" Bayerns vielleicht, die an von Schliemann in Mykene ausgegrabene Diademe erinnert. Dieser Bezug wurde erhärtet, als zwei später entdeckte Bernsteinstücke mit eingravierter Linear-B-Schrift gefunden wurden, die diese Verbindung zum Mittelmeerraum erhärteten.

Mächtige Adelseliten beherrschten auch die folgende **Urnenfelderzeit** (1200 bis 800 v. Chr.) und die anschließende **Hallstattzeit**, die nicht nur den Beginn der **Eisenzeit**, sondern auch des **„keltischen Jahrtausends"** markiert.
Die Jahrhunderte keltischer Herrschaft, im Kern die sogenannte **Latènezeit** zwischen 500 und 15 v. Chr., haben in Bayern unauslöschliche Spuren hinterlassen, wenngleich sie im Bewusstsein der Menschen hinter der dominierenden, weitgehend auch durch Schriftzeugnisse gestützten Hinterlassenschaft der Römer zurücktreten. Bestenfalls ist ihre Tradition erhalten im populären Interesse an geheimnisvollen Keltenschanzen und Hügelgräbern, an magischen Druidenkulten oder am kraftmeiernden Asterix.

Der Ort **Manching** bei Ingolstadt (Modell/Ausschnitt) war eine der **bedeutendsten Siedlungen der Kelten in Bayern** mit weitem Beziehungsnetz. Das ca. 380 ha umfassende Stadtgebiet, das in seiner Blütezeit zwischen 5000 und 10 000 Bewohner zählte, ist bestens erforscht. Im 2. Jahrhundert v.Chr. erhielt die von Handwerk und Handel geprägte Stadt eine mächtige Ummauerung, die heute noch vor Ort erkennbar ist. Wohl Mitte des 1. Jahrhunderts v.Chr. endet die Geschichte dieser Stadt, ohne dass wir dafür eine wirklich schlüssige Erklärung haben.

Die prägenden Kulturleistungen, die dieses von der Bretagne bis nach Anatolien reichende keltische Europa auch in und für Bayern hervorgebracht hat, werden leicht vergessen: die technischen Innovationen in der Metall- und Glasverarbeitung, die Einführung der Töpferscheibe und des bereiften Rades als Voraussetzungen für hoch entwickeltes Handwerk und nicht zuletzt die Salzgewinnung und der Salzhandel.
Nicht zufällig sind die Namen bedeutender römischer Lager und Siedlungen wie Cambodunum (Kempten), Sorviodurum (Straubing) oder Augusta Vindelicum (Augsburg) keltischen Ursprungs. Kulttraditionen der naturverbundenen keltischen Religion haben ebenfalls weit in die Römerzeit hinein gewirkt und sind im oberbayerischen Bedaium (Seebruck) oder im schwäbischen Faimingen mit seinem Apollo-Grannus-Tempel bis heute fassbar.

Die Kelten waren nicht zuletzt die Erfinder eines neuen Faktors im Wirtschaftsaustausch, der Münzen. Seit dem ausgehenden 3. Jahrhundert v. Chr. sind Münzprägungen gesichert, zunächst in Gold, später auch in Silber. Eine entwickelte Geldwirtschaft war die Folge dieser Errungenschaft, die auch von der Nachahmung griechischer und römischer Vorbilder profitierte. Die keltischen „Regenbogenschüsselchen" waren das erste in Bayern geprägte Geld.

Ein besonders reichhaltiges Beispiel ist der **Münzfund von Großbissendorf** (s. S. 10).
Durch Zufall wurden1986 auf einem Privatgrundstück im Landkreis Neumarkt in der Oberpfalz diese 386 Goldmünzen entdeckt. Sie lagen vermutlich in einem eisernen Gefäß nur etwa 20 Zentimeter unter der Erdoberfläche vergraben. Durch Überpflügen waren sie jedoch auseinandergerissen und daher bei ihrer Auffindung über eine Fläche vom mehreren Quadratmetern verteilt worden.
Ihre Bezeichnung verdanken sie der Vorstellung, dass dort Goldschätze zu finden seien, wo der Regenbogen die Erde berührt. Die Ergebnisse der archäologischen Forschung haben diese Münzen in den letzten Jahrzehnten zu wertvollen kulturgeschichtlichen Zeugnissen werden lassen, die manchen Aufschluss über das „keltische Jahrtausend" in Bayern geben.

Mit dem Einmarsch der Römer unter dem Befehl der Stiefsöhne des Kaisers Augustus, Tiberius und Drusus, beginnt im Jahre 15 v. Chr. die fast 500 Jahre währende **Römerzeit in Bayern**, deren kulturgeschichtliche Spuren uns häufig begegnen. Schritt für Schritt sicherten die römischen Truppen ihre beiden neuen Provinzen Raetien und Noricum, zunächst mit befestigten Siedlungen und Kastellen, gründeten Städte wie Brigantium (Bregenz) und Cambodunum und schließlich den Provinzhauptort Augusta Vindelicum. Nach den Markomannenkriegen bezog im Jahre 179 n. Chr. die „legio III Italica", die dritte Italische Legion, ihr neues Standlager in Reginum/Castra Regina (Regensburg).

Straßen stellten die schnelle Verbindung zwischen Städten und Kastellen her.
Die **Karte** zeigt die Zentralorte des 2./3. Jahrhunderts n.Chr. und das hoch entwickelte Straßensystem, das die beiden Provinzen Raetien und Noricum erschloss und zugleich mit Rom, der Hauptstadt des Reiches, verband.
Bereits im 2. Jahrhundert zogen die Truppen allmählich ab und aus den militärischen Einrichtungen wurden zivile Siedlungen. Die ursprüngliche Militärstraße an der Donau und die Straßenverbindung zwischen Iuvavum (Salzburg) und Bregenz bildeten das Rückgrat der ländlichen Besiedlung. Bald ergab sich daraus eine Kette von Orten, die im Abstand von 20 bis 30 km lagen. Zusätzliche Ortsgründungen ergaben sich aus der Verbindung zum Provinzzentrum Augusta Vindelicum.

Villae rusticae, römische Gutshöfe, überzogen in großer Zahl das flache Land, wie wir aus den Ergebnissen der Luftbildarchäologie wissen. Diese im Familienbetrieb bewirtschafteten Einzelhöfe sind uns aber auch durch Ausgrabungen bestens bekannt. Ein besonders anschauliches Beispiel dafür ist die 1988/89 ausgegrabene Villa rustica Oberndorf am Lech, die alle zivilisatorischen Errungenschaften der Römerzeit aufweist, von den Steinbauten über das Bad bis hin zum Ziehbrunnen und der reichhaltigen Ausstattung mit Werkzeugen und Geräten. Im 3. Jahrhundert ist der Gutshof vermutlich von plündernden Germanen zerstört worden.
Die mit Kastellen gesicherte Donaulinie und später der **Limes** schützten die Nordgrenze hin zum freien Germanien. Um die Kastelle herum entstanden die vici, Dörfer mit der für Römer typischen Infrastruktur aus Bad, Amphitheater, Forum, Tempel und Weihebezirken.
Mit den Funden von Obernburg am Main kommen die „beneficiarii consularis" ins Blickfeld,Legionssoldaten, die im Auftrag des Statthalters und damit auch des Kaisers vermutlich in jedem Kastellvicus nach dem Rechten sahen.

Ein eindrucksvolles kulturelles Zeugnis ist uns aus Biriciana (Weißenburg), einem der bedeutendsten Garnisonsorte am weströmischen Limes, überliefert.

Die im Vollguss gefertigte Figur (s. S. 20) zeigt den römischen Gott **Merkur**, der besonders in den nördlichen Provinzen des Römischen Reiches verehrt wurde. In der rechten Hand hält die Figur einen herabhängenden Geldbeutel, ein typisches Attribut des Gottes der Kaufleute und Händler, die leicht gehobene linke Hand dürfte früher wohl den Heroldsstab getragen haben, der die Funktion des Götterboten symbolisch verdeutlichte. Über der linken Schulter hängt ein Mantel. Ein weiteres bezeichnendes Attribut ist der mit einem zusätzlichen Silberblech umhüllte Flügelhut. Etwas schwer erkennbare Flügel trägt Merkur an den Füßen, um als Götterbote schnell voranzukommen. Um den Hals hängt ein auffallender Silberreif, der gedreht ist und in zwei ineinandergehakten Kugeln endet.
Die Figur steht auf einem Sockel, der zusätzlich mit einem kleinen Widder und seitlich mit einem Kranz und einem Palmzweig geschmückt ist. Er trägt vorne die vermutlich fehlerhafte Weiheinschrift „MERCURI PROPTIUM". Liest man das zweite Wort als „PROPRIUM", so könnte die durchaus plausible Übersetzung lauten: „Merkurs Eigentum".
Die Merkurfigur gehört zu den 18 Bronzestatuetten des Weißenburger Schatzfundes, der 1979 beim Erweitern eines Spargelfeldes entdeckt und gehoben wurde.
Im Museum der Stadt nimmt der Schatzfund mit seinen insgesamt 120 Objekten, der vermutlich Mitte des 3. Jahrhunderts aus Angst vor den angreifenden Alamannen vergraben worden war, ein ganzes Geschoß ein. Vermutlich handelt es sich bei dem Bestand um das Inventar eines Heiligtums. Merkur, der Götterbote erfreute sich bei den Soldaten besonderer Beliebtheit, weil er nicht nur für die Gewährung von Beutegut zuständig war, sondern auch die Qualität eines „invictus", eines Unbesiegbaren, annahm. Kein Zufall dürfte es sein, dass der dem Merkur gleichgesetzte Gott bei den Germanen und Galliern höchste Verehrung genoss.

Vermutlich hat sich auch hier die Kraft der „Interpretatio Romana" bewährt, die Fähigkeit der Römer, die in den vielen Teilen ihres Weltreiches vorhandenen Kulte zu integrieren und dem römischen Götterhimmel einzugliedern.
Der Merkur von Weißenburg ist ein eindrucksvoller Beleg für die Prägung Bayerns durch die römische Herrschaft und für die Vitalität der provinzialrömischen Kultur.
Die germanischen Nachbarn waren entweder gefährliche Feinde, wie etwa die Alamannen, oder Verbündete, Foederati, die im römischen Heer dienten, zumindest aber Handelspartner, die aus der römischen Zivilisation ihren Nutzen zogen.
Neben der römischen Oberschicht lebte eine keltoromanische Mischbevölkerung in Raetien und Noricum, die eine dauerhafte Bindung an das Land hatte und auch nach dem Ende des weströmischen Reiches hier blieb.
In Augsburg finden sich bereits im 4. Jahrhundert Zeugnisse des frühen Christentums, die auf die folgenden frühmittelalterlichen Jahrhunderte verweisen. Vor allem die Verehrung der Märtyrerin Afra erlaubt inzwischen Rückschlüsse auf einen spätantiken christlichen Friedhof, wohingegen der vermutete antike Bischofssitz nicht belegt werden kann.

Die in Bayern über vier Jahrhunderte hinweg bestehende gesellschaftliche und politische Konstellation geriet im 5. Jahrhundert n. Chr. ins Wanken, als die durch den Hunnensturm ausgelöste germanische **Völkerwanderung** die Römerherrschaft schließlich beendete.

Zeittafel zur Vor- und Frühgeschichte Bayerns

Zeit	Epochen		Ereignisse
Älter als 130 000	**Altsteinzeit** (Paläolithikum)		300 000–120 000 Rißeiszeit
100 000			100 000–8 000 Würmeiszeit Homo sapiens neandertalensis
35 000			Höhlenmalerei in Westeuropa (z. B. Lascaux)
8000	**Mittelsteinzeit** (Mesolithikum)		Erste Städte im Vorderen Orient (z. B. Jericho)
5000	**Jungsteinzeit** (Neolithikum)		Erste Kupferverarbeitung (Schmieden) im Vorderen Orient
4000			
3500	**Kupferzeit**		
2500			Städtische Hochkulturen im Vord. Orient 2670–2135 Altes Reich in Ägypten 2545–2457 Bau der Pyramiden 2300 Bronzeguss in Anatolien
2000	**Bronzezeit**		1793–1750 Hammurabi von Babylon
1500			1550–1150 Mykenische Kultur in Griechenland
1200	**Urnenfelderzeit**		1200 Untergang des homerischen Troja
1000			1004–965 König David in Israel
750	**Hallstattzeit** (Frühe Eisenzeit)		753 Sagenhafte Gründung Roms
600			600–500 Blütezeit der Etrusker
500	**Latènezeit** (Späte Eisenzeit)		509 Rom Republik
400			387 Kelten vor Rom
			278 Kelten nach Kleinasien
100 v. Chr.			146 Zerstörung Karthagos
0	**Röm. Kaiserzeit** (Späte Kaiserzeit)		15 v. Chr. Römer im nördlichen Alpenvorland
100 n. Chr.		**Völkerwanderung** Alamannen Bajuwaren Franken Karolinger	
250			375 Hunnen in Europa
400			395 Teilung des Römischen Reichs
500	**Frühmittelalter**		476 Ende Westroms
600			

2 Bayern wird schwäbisch – baierisch – fränkisch

Am Anfang dieser Übergangszeit steht eine herausragende Persönlichkeit des 5. Jahrhunderts, der Hl. Severin.
Das im Nazarenerstil gehaltene **Gemälde der Predigt des Hl. Severin** zeigt eine Begebenheit, die im 1. Kapitel seiner Lebensbeschreibung, der *Vita Sancti Severini*, geschildert wird: Der Heilige predigt im niederösterreichischen Kuchl, dem spätrömischen Cucullis, und wirft den Einwohnern die Ausübung heidnischer Kultgebräuche vor. Die Zuhörer schwanken zwischen gläubigem Vertrauen und schuldbewusster Zerknirschung. Severin hält siegesgewiss das Kreuz empor. Begleitet ist er von einem Mitbruder, der einen mit einem Kreuz bekrönten Stab, vielleicht einen Abtsstab, umfasst. Ein in Rückansicht am linken Bildrand zu erkennender römischer Soldat und das Römerkastell im Hintergrund verweisen auf den geschichtlichen Zusammenhang, nämlich die letzte Phase der Römerherrschaft im bayerisch-österreichischen Raum.
Die *Vita Sancti Severini* stellt eines der wichtigsten schriftlichen Zeugnisse für die zweite Hälfte des 5. Jahrhunderts dar. Verfasst hat sie der theologisch hochgebildete Eugippius, ein Mönch aus Severins Hauptkloster Mautern in Niederösterreich. Diese Gedächtnis- und Erinnerungsschrift im Dienst der Severin-Verehrung lässt sich auch als historische Quelle lesen.
Severin begann seine Tätigkeit in der römischen Provinz Noricum, dem heutigen Österreich, offensichtlich bald nach dem Tod des Hunnenkönigs Attila, 453. In einer Handschrift des 11. Jahrhunderts aus dem Kloster St. Emmeram in Regensburg zur Vita Severini heißt es: „Incipit vita S. Severini Tempore quo Attila Rex Hunnorum defunctus est." = Die Lebensbeschreibung des Hl. Severin beginnt in der Zeit, als Attila, der König der Hunnen, gestorben ist.
Dass er kein „normaler" Mönch war, zeigen seine erfolgreichen Aktivitäten zur Rettung der romanischen Bevölkerung vor den eindringenden Germanen. Da er offensichtlich mit höchsten Kreisen in Rom, auch mit dem Kaiserhaus, verkehrte, vermutete man, Severin sei ursprünglich ein hoher römischer Amtsträger gewesen. Nicht zufällig wurden seine Reliquien zum Ruhesitz und Verbannungsort des 476 abgesetzten, letzten römischen Kaisers, Romulus Augustulus, nach Lucullanum bei Neapel gebracht.
Von Favianis (Mautern), dem Hauptort seines Wirkens, aus gründete Severin weitere Klöster, darunter das für Bayern wichtigste in Boiotro (Passau/Innstadt), wo archäologische Funde die Glaubwürdigkeit der Vita Severini bestätigen.

Bezeugt ist in seiner Lebensbeschreibung der **Zerfall der römischen Herrschaft.** Im zentralen Kapitel 20, dessen Einleitung eine genaue Datierung nach 476 erlaubt, wird berichtet, dass sich eine letzte militärische Truppe noch im Lager Batavis (Passau) gehalten hat. Sechs Jahre nach dem Tode Severins im Jahre 482 wurden die Romanen der nördlichen Provinzen von dem germanischen Heerführer Odoaker aufgefordert, nach Italien zurückzukehren. Severins Leiche wurde nun exhumiert und in Begleitung von Eugippius und den anderen Mitbrüdern nach Lucullanum gebracht.

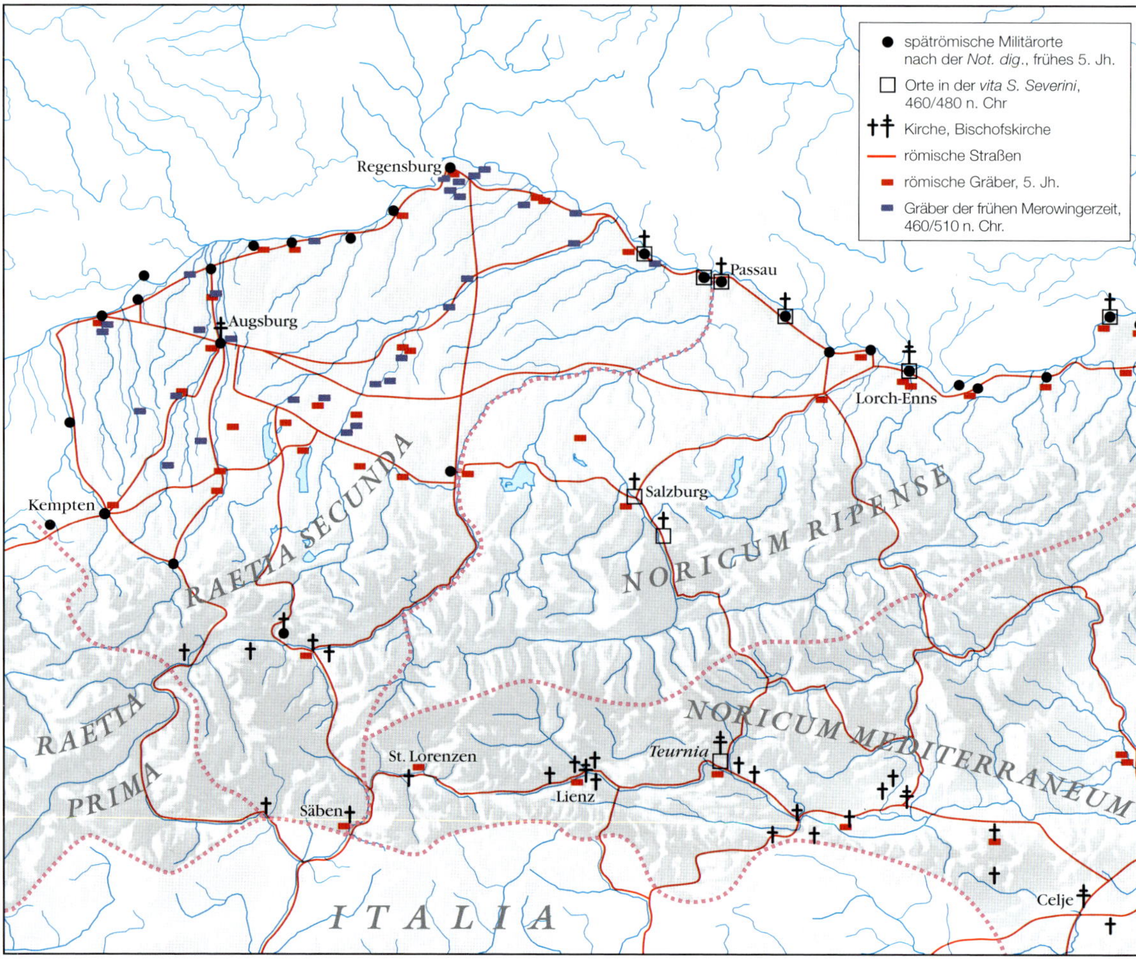

In dieser Zeit fielen alle römischen Stützpunkte in Noricum und Raetien, die provinzialrömische Epoche Bayerns und Österreichs, die weit über vier Jahrhunderte gedauert hatte, ging zu Ende. Ihr letzter bedeutender Zeuge und herausragender Repräsentant war Severin, der als Glaubensbote und als tatkräftiger Beschützer seiner Landsleute – „Flüchtlingskommissar der Donaulande" haben Historiker ihn genannt – gleichermaßen gewirkt hat.

Die **Karte** (s. o.) verdeutlicht den Übergangscharakter des 5. Jahrhunderts n. Chr. und das Nebeneinander von römischer Herrschaft mit spätrömischen Militärorten und Christianisierung des Landes, hier nachgewiesen durch Kirchen und Bischofssitze. Auch die Gleichzeitigkeit römischer und germanischer Gräber lässt die Veränderungsprozesse im unruhigen 5. Jahrhundert erkennen.

Besondere Erkenntnisse zu dieser Übergangszeit hat uns ein Gräberfund beschert, die vor wenigen Jahren in Unterhaching/Obb. geborgenen Fibeln aus der Zeit um 500 n. Chr.
Für die **zwei Scheibenfibeln**, auf denen je vier Adler zu erkennen sind, gibt es in der europäischen Archäologie bisher kein Vergleichsstück. Daher wird vermutet, dass ihre Herkunft im Mittelmeerraum zu suchen ist, wo ähnlich große Scheibenfibeln gefunden wurden. Möglicherweise handelt es sich dabei um Phönixdarstellungen, die in der christlichen Auferstehungssymbolik eine große Rolle spielen. Die Fibeln selbst und Reste von Seide in der Fundstelle lassen eine sehr ranghohe Familie als Eigentümer vermuten, weshalb die etwa 20-jährige Trägerin als „Prinzessin" bezeichnet wird. Beziehung zum Hof des ostgotischen Königs Theoderich in Ravenna werden als wahrscheinlich angesehen; vielleicht gehörte zur Sippe der in Unterhaching Begrabenen sogar der Statthalter des Theoderich in Raetien und Noricum.Die entscheidende Erkenntnis aus diesem Fund aber ist, dass die Römerzeit in Bayern das Ende des Weströmischen Reiches noch um Jahrzehnte überdauert hat und dass vor allem die römischen Verwaltungsstrukturen noch einige Zeit Bestand hatten.

In den bereits vorhandenen Völkerschmelztiegel aus Romanen, Kelten und auch Germanen war aufgrund einer Klimaverschlechterung an Nord- und Ostsee und vor allem wegen der Einfälle der Hunnen eine Vielzahl weiterer germanischer Stämme eingedrungen. Diese sogenannte Völkerwanderung hat Europa durcheinandergewirbelt und auch den bayerischen Raum stark verändert.
Die drei Stämme, die künftig hier eine entscheidende Rolle spielen werden, kommen in diesen Jahrhunderten ins Land, die **Alamannen, die Bajuwaren und die Franken.**

Die Herkunft dieser „zusammengespülten und vermengten Menschen", wie ein römischer Schriftsteller die **Alamannen** genannt hat, ist bis heute strittig. Aus Stammessplittern und Heerhaufen, vielleicht auch als großer Kultverband aus verschiedenen Stämmen, darunter sicher auch die Sueben, ist wohl allmählich der Stammesverband der Alamannen geworden. Von der Unterelbe, dem thüringischen und böhmischen Raum wanderte dieses bunte Völkergemisch nach Süden und lehrte dort zu Beginn des 3. Jahrhunderts die Römer das Fürchten.Es überrollte den Limes und vertrieb die sieggewohnten römischen Herren aus weiten Teilen Südwestdeutschlands. Schließlich ließen sich die Alamannen endgültig nieder in der *Nordschweiz, im heutigen Baden-Württemberg und in Bayern, hier im Gebiet zwischen Iller und Lech.*
Auf dem Höhepunkt ihres Zusammenhalts sind sie den Franken unterlegen. Der Merowingerherrscher Chlodwig gliederte im Jahre 536 ihr Gebiet als Herzogtum Alamannien seinem Reich ein. Ein erstes Stammesrecht fränkischen Ursprungs, die Lex Alamannorum, ordnete die Rechtsverhältnisse und die Christianisierung, die vom Bistum Konstanz aus organisiert wurde, und band den Stamm bald intensiv an die fränkische Herrschaft. Als eine der tragenden Säulen des späteren deutschen Reiches waren die Alamannen/Schwaben einst ein geschichtsmächtiger Stamm, von dem heute immerhin noch ein variantenreicher Dialekt und ein tiefgründiges Traditionsbewusstsein zeugen.

In der Gotengeschichte des Jordanes etwa um 530 lesen wir über die **Baiern**:
„Das Land der Schwaben hat im Osten die Baiowaren, im Westen die Franken, im Süden die Burgunden, im Norden die Thüringer (zu Nachbarn)." Wenige Jahrzehnte später schreibt Venantius Fortunatus in der Lebensbeschreibung des Hl. Martin: „Wenn dir das Überschreiten der Barbarenströme gestattet wird, so dass du ruhig über Rhein und Donau gehen kannst, so gelangst du nach Augsburg, wo Wertach und Lech fließen. Dort wirst du die Gebeine der heiligen Märtyrerin Afra verehren. Wenn die Straße offen ist und dir nicht der Baioware entgegentritt, so ziehe durch das Gebirge, wo in der Nähe die Orte der Breonen (= nahe des Brenner) liegen; du betrittst es, wo der Inn sich in reißendem Strudel dahinwälzt."
Die Gelehrten streiten seit Jahrzehnten um eine Klärung der Frage, woher die *Baiovarii* oder *Bajuwaren* kamen, wie eine Einwanderung vor sich gegangen sein könnte und welchen Stammesverbänden sie wohl angehörten. Die alte These vom keltischen Volk der Bojer, das aus dem böhmischen Kessel eingewandert sein soll, ist längst passé. In letzter Zeit ist vermutet worden, dass die Bajuwaren im Verbund mit den Alamannen ins Land eingefallen sind. Die Ähnlichkeit der späteren Reihengräber und der Ortsnamen mit den Endungen ing verweisen auf enge Verbindungen zwischen beiden. Beziehungen scheint es auch zum Stamm der Thüringer gegeben zu haben, die erstmals 480 an der Donau erwähnt werden, als sie Passau eroberten. Thüringische Siedlungsspuren finden sich in Reihengräbern an der Donau und reichen bis nach Türkenfeld bei Fürstenfeldbruck. Wichtigen Anteil bei der Stammesbildung

der Bajuwaren scheint auch den Langobarden zugekommen zu sein. Und auch die Ostgoten sind als möglicher Einflussfaktor genannt worden, eine These, die angesichts der Funde in Unterhaching größere Plausibilität gewonnen hat.
Das komplizierte Gemenge aus Ausgrabungsbefunden, historischen Quellen, Heiligenlegenden und sagenhaften Stammesgeschichten bestätigt immerhin eines:
Die Bajuwaren sind nicht als „reiner" germanischer Stamm mit einem Herzog an der Spitze eingewandert. Die Ideologie einer Staatsgründung durch geschlossene Einwanderung, die das 19. Jahrhundert so bunt ins Bild brachte, hat keinen Bestand mehr angesichts der wissenschaftlichen Erkenntnisse der letzten Jahrzehnte. Alles deutet darauf hin, dass die Baiern aus verschiedenen germanischen Stämmen, darunter den Bajuwaren zusammengewachsen und erst im 6./7. Jahrhundert zum fest strukturierten Stammesverband geworden sind, vor allem unter dem Einfluss der dominierenden Franken.

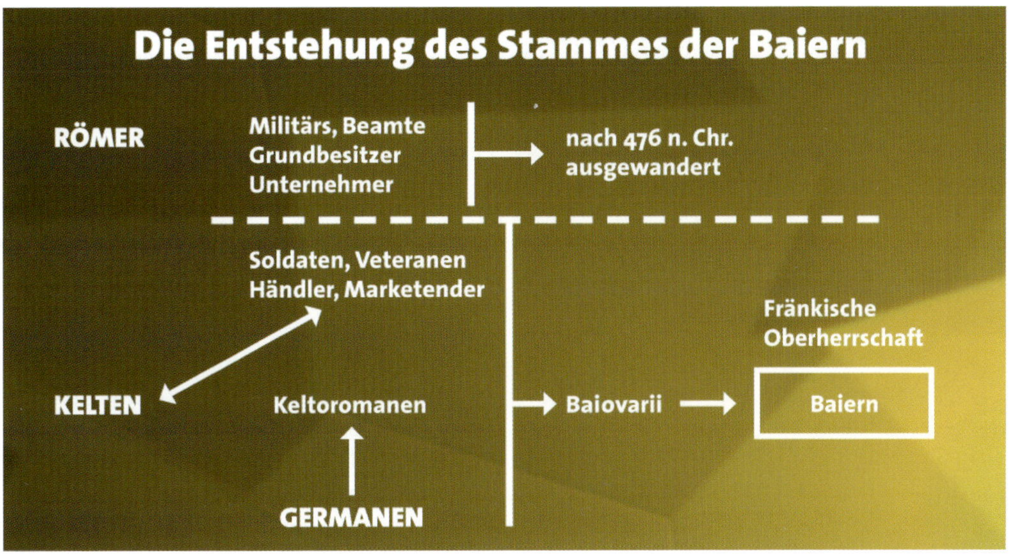

Den komplizierten Prozess der Stammesbildung zeigt eine **Grafik**.
Die römische Oberschicht verließ in der zweiten Hälfte des 5. Jahrhunderts das Land, während die einfachen römischen Soldaten, Veteranen und Händler blieben.
Die aus der Verbindung von Römern und Kelten entstandene keltoromanische Mischbevölkerung war dem Land verbunden. Auf diese Bevölkerung trafen nun die germanischen Stammesteile, darunter auch die Baiovarii. Aus Ansässigen und Einwanderern entwickelte sich unter der fränkischen Oberherrschaft schließlich der Stamm der Baiern.

Schwer zu beschreiben ist die Entwicklung im **fränkischen Raum**, der als „herrenlose Pufferzone" zwischen Franken, Sachsen, Thüringern, Alamannen und Bajuwaren bestand. Um 400 war der Landesteil von Thüringern bewohnt, von 531- 716 gehörte er zum Merowingerreich.
Seit dem 7. Jahrhundert regierte am Hauptort Würzburg ein eigener Herzog.
Mitte des 7. Jahrhunderts erfolgte die Missionierung durch Kilian, 741/42 wurden die Bistümer Würzburg und Eichstätt gegründet. Seit dem 8. Jahrhundert verfügte Würzburg über eine Bischofskirche und eine erste Burganlage.
Der Name „Franken" taucht offiziell erst 1837 für den Regierungsbezirk auf, vorher gab es seit 1500 einen „Fränkischen Kreis" im Heiligen Römischen Reich. Im stets umstrittenen Titel des Würzburger Fürstbischofs, der sich auch „Herzog von Franken" nannte, findet der Begriff schon seit dem 11./12. Jahrhundert Verwendung.

Die Erinnerung an den **Hl. Kilian** ist in Würzburg stets präsent. Sein barockes Denkmal auf der großen Mainbrücke erinnert an den „Frankenapostel", der als irischer Mönch nach Mainfranken kam, dort erfolgreich missionierte und schließlich den Herzog mitsamt seinem Gefolge taufte. Dessen Ehefrau aber, die der Glaubensbote wegen ihrer sündigen Ehe getadelt hatte, ließ ihn und seine Gefährten durch gedungene Mörder im Jahre 689 in Würzburg töten. Schon wenige Jahrzehnte später wurde Kilian heiliggesprochen und zum Patron der Würzburger Kirche erhoben. Seine integrierende Funktion für das katholische Franken kann kaum überschätzt werden.
Die mächtige Marienburg bestand seit dem 8. Jahrhundert und verfügte schon damals über eine Bischofskirche. Um 1200 wurde sie gewaltig ausgebaut, 1631 erhielt sie ausladende Bastionen. Im 2. Weltkrieg völlig zerstört, wurde sie in einem bis 1990 dauernden Kraftakt wiederhergestellt.

Welch entscheidende und integrierende Bedeutung das **Christentum** im damaligen Bayern hatte, zeigt ein Fundstück aus der Mitte des 7. Jahrhunderts.

Dieses **Kreuz aus einem Reitergrab von Spötting** bei Landsberg am Lech zeigt im zentralen Medaillon eine Christusdarstellung, in die Kreuzarme sind Muster eines germanischen Tierornaments eingeprägt. Goldblattkreuze sind die sichersten Belege für die Christianisierung der Alamannen und Bajuwaren seit dem 7. Jahrhundert. Vermutlich wurden sie aus dem langobardischen Italien übernommen, wo sie als Grabbeigaben bereits seit dem 6. Jahrhundert Verwendung fanden. Die Vermittlerin war vielleicht die mit dem Langobardenkönig verheiratete bayerische Herzogstochter Theodolinde, die auch dafür verantwortlich war, dass die Langobarden zum Katholizismus übertraten.
Grundkenntnisse über das frühchristliche Bayern sind unverzichtbar, um die Entstehung und die weiterwirkende Kraft der drei bayerischen Stämme verstehen und im europäischen Verbund einordnen zu können.

Die führenden baierischen Adelsgeschlechter, unter ihnen die regierenden Agilolfinger, waren mit fränkischen Geschlechtern verschwägert. Als vom fränkischen Herrscher eingesetzte Herzöge herrschten die **Agilolfinger**, die irofränkische Mission christianisierte das Land.
Das baierische Stammesrecht aus dem 6. Jahrhundert, die **Lex Baiuvariorum**, ist vom Frankenkönig zumindest angeregt worden. Dieses Rechtsbuch stellt eine der wertvollsten schriftlichen Quellen für die frühe Geschichte des baierischen Stammes dar und überliefert sehr genaue Angaben zu Gesellschaftsstruktur und Rechtswesen. Die Entstehung dieses Stammesrechts und die Zeit seiner Niederschrift ist allerdings immer noch umstritten. Im Prolog wird berichtet, dass der fränkische König Theuderich I. die Rechte der Franken, Alamannen und Baiern aufzeichnen ließ; die endgültige Fassung soll das baierische Stammesrecht durch den Frankenkönig Dagobert I. um 630 erhalten haben. Andere Wissenschaftler dagegen schreiben den karolingischen Hausmeiern des 8. Jahrhunderts entscheidenden Anteil zu. Sicher ist, dass ein wohl schon längere Zeit angewandtes Gewohnheitsrecht in der ersten Hälfte des 8. Jahrhunderts niedergeschrieben wurde. Einflüsse älterer Rechtsaufzeichnungen, insbesondere auch Beziehungen zum gotischen Recht unter Theoderich dem Großen, sind unverkennbar.

Einen Höhepunkt erreichte das erste baierische **Stammesherzogtum** unter dem Agilolfinger **Tassilo III.** Bis heute ist dieser bayerische Herzog unvergessen. Im Chiemgau feiert man alljährlich einen Gottesdienst und ein Fest zu seinen Ehren. Auch im Kloster Kremsmünster, das den berühmten Tassilokelch beherbergt, gedenkt man alljährlich seines Stifters. Dieser Herrscher des 8. Jahrhunderts zählt zu den unvergessenen Gestalten der bayerischen Geschichte. Der Mythos von Unabhängigkeit und königsgleicher Regentschaft umgibt ihn, aber auch ein tragisches Scheitern und die Niederlage gegenüber einem Stärkeren, Karl dem Großen.
Tatsächlich hatte Tassilo, der ursprünglich durch Vasalleneid und Kriegsdienst stark vom Frankenkönig Pippin abhängig war, seine Macht als bayerischer Herzog außerordentlich ausgedehnt. Die Verbindung mit Luitpirc, der Tochter des Langobardenkönigs, bedeutete einen ersten Schritt zu erweiterter Selbstständigkeit. Der Frankenkönig Karl, der inzwischen Pippin nachgefolgt war, heiratete Luitpircs Schwester Desiderata, so dass Tassilo und Karl nun verschwägert waren. Als diese Ehe jedoch 772 scheiterte, fiel Karl ins Langobardenreich ein und vertiefte damit neben den persönlichen auch die politischen Interessengegensätze. Tassilo, der die Verbindung zu Luitpirc nicht aufgab, weitete mit der Gründung zahlreicher Klöster seinen Einflussbereich aus und schuf Zentren der Missionierung, der Verwaltung und des intensiven Landausbaus. Polling, Mattsee, Weltenburg, Thierhaupten, Frauenchiemsee und Herrenchiemsee verdanken ihm ihr Entstehen. Zur Slawenmission wurde das Kloster Innichen, acht Jahre später mit derselben Zielsetzung das Kloster Kremsmünster errichtet.
Trotz der Erneuerung des Vasalleneides 781 in Worms, verschärfte sich der Konflikt zwischen Karl und Tassilo, der im Herzogtum Bayern königsgleich regierte und sich dem Einfluss des Karolingers zunehmend entzog. Dieser entmachtete den Bayern 788 auf dem Reichstag zu Ingelheim, indem er ihm Abtrünnigkeit vorwarf und ihn in einem Schauprozess aburteilte. Er ließ ihn zunächst zum Tod verurteilen und begnadigte ihn später zu lebenslanger Klosterhaft. Auch Tassilos Frau und Kinder verschwanden für den Rest ihres Lebens hinter Klostermauern. So erlebte dieses ältere Stammesherzogtum, wie die Historiker die zwei Jahrhunderte der Agilolfingerherrschaft nennen, unter Tassilo III. seinen Höhepunkt und zugleich sein radikales Ende. Seinen Verbannungsort durfte er noch einmal im Jahr 794 verlassen, um auf der Frankfurter Synode eine erzwungene Versöhnung mit Karl zu zelebrieren und seinen Verzicht auf die Herrschaft in Bayern zu erklären. Danach verschwand das Geschlecht der Agilofinger.
In jüngster Zeit wurde von Historikern die durchaus begründete Vermutung aufgestellt, dass die Geschichte Tassilos und seines Endes bewusst verfälscht niedergeschrieben und übermittelt wurde. Die Hauptquelle, die „Reichsannalen", die in der Hofkanzlei Karls des Großen verfasst wurden, ist demnach ausgesprochen parteiisch und eine Geschichtsschreibung des Siegers. Im Grunde – so wird behauptet – ging es um bloße Machtpolitik, um die Rechtfertigung der Eingliederung Bayerns ins Frankenreich. Das Bild Tassilos sei dadurch verzerrt worden und müsse mittels anderer Quellen und Forschungsansätze neu entworfen und revidiert werden.

Ein großartiges Erinnerungsstück an Tassilo ist der nach ihm benannte **Kelch**, der im Kloster Kremsmünster aufbewahrt wird.

Der innen und außen vergoldete Kupferkelch zählt zu den bedeutendsten und symbolträchtigsten Zeugnissen der bayerischen Geschichte. Nach 768 angefertigt und um 777 dem Benediktinerkloster Kremsmünster gestiftet, erinnert er als besonders wertvolles liturgisches Gefäß an die Hochzeit Tassilos III. mit Luitpirc. Die Inschrift am Fuß des Kelchs nimmt unmittelbar Bezug auf dieses Ereignis. Dort ist zu lesen: TASSILO DUX FORTIS + LUITPIRC VIRGA REGALIS (= Tassilo tapferer Herzog + Luitpirc aus königlichem Geschlecht).

Dieser prunkvolle Kelch – vasa sacra nennt man diese Gruppe liturgischer Geräte – ist von unterschiedlichen stilistischen Einflüssen und geistigen Traditionen geprägt. So verweisen vor allem die Tierfiguren auf nordenglische Vorbilder, die wohl durch die iroschottische Mission auf den Kontinent gelangt sind. Erkennbar sind aber ebenso Elemente der karolingischen Ikonographie, die auf fränkische Einwirkung verweisen. Als Herstellungsort kommt Salzburg in Frage, wo der Ire Virgil, der von Tassilos Vater als Bischof eingesetzt worden war, als Abt des Klosters wirkte. Der Kelch, der, mit Wein gefüllt, wohl Hochgestellten gereicht wurde, ist mehr als ein Zeugnis für die hohe Qualität liturgischer Gefäße im Frühmittelalter, er ist ein einmaliges Erinnerungsstück an die erste große Blütezeit des bayerischen Stammesherzogtums und seinen bedeutendsten Repräsentanten.

3 Von Karl dem Großen zu Heinrich dem Löwen

Seit der Absetzung des Agilolfingerherzogs Tassilo III. durch Karl den Großen im Jahr 788 herrschten die **Karolinger** in Bayern. 865 nannte sich Karlmann „Rex Bavariorum".
Als Letzter regierte 867 bis 899 Arnulf von Kärnten, der 887 König, 896 sogar Kaiser wurde. Regensburg war in diesen Jahrzehnten die wichtigste Metropole des Reichs, von der aus die Ostkolonisation und die Slawenmission organisiert wurden.

Ein bedeutendes Objekt aus dieser Zeit befindet sich in der Schatzkammer der Münchner Residenz, das **Altarciborium** König Arnulfs von Kärnten.
Das Meisterwerk aus der Schule von Reims ist wohl um 890 angefertigt worden. Es ist gestaltet in der Art eines zweigeschossigen Altarbaldachins. Reisealtäre und Reliquiare wurden damit feierlich überdacht. Es besteht aus einem Eichenholzkern, der mit Goldblech überzogen und mit Perlen und Edelsteinen reich verziert ist. Die zwei sich überschneidenden Satteldächer enthalten in ihren Abbildungen ein komplettes christologisches Programm. Eine Inschrift gibt Auskunft über den historischen Zusammenhang: Arnulf von Kärnten stiftete dieses Ciborium, das nach seinem Tod an das Kloster St. Emmeram und von dort schließlich im Gefolge der Säkularisation nach München gelangte. Gemeinsam mit dem berühmten Codex Aureus gehört es zu den bedeutendsten Zeugen der spätkarolingischen Epoche in Bayern, in der Regensburg zur Hauptstadt des Reiches und das dortige Kloster St. Emmeram zur „karolingischen Weihe- und Kultstätte" aufstiegen.

907 wurde in der Schlacht von Pressburg gegen die Ungarn nahezu die gesamte adelige Führungsschicht Bayerns, allen voran Markgraf Luitpold von Kärnten, ausgelöscht. Sein Geschlecht, die **Luitpoldinger**, hatte versucht, in Bayern ein jüngeres Stammesherzogtum zu etablieren. Schon vor dem endgültigen Aussterben der Karolinger übernahm Luitpolds Sohn Arnulf für drei Jahrzehnte das Herzogsamt in Bayern und knüpfte dabei bewusst an die Zeiten Tassilos III. an. Von klösterlichen Geschichtsschreibern hat er den Beinamen „der Böse" erhalten, weil er sich ziemlich hemmungslos kirchlichen Guts bediente, um seine Vasallen für ihre Dienste zu entlohnen.

Als im Jahr 947 König Otto I. aus dem **Sachsenstamm**, der spätere Kaiser Otto d. Große, seinen Bruder Heinrich mit dem Herzogtum Bayern belehnte, stellte er Arnulf mit der Verleihung des Pfalzgrafenamtes zufrieden, das künftig von den Luitpoldingern verwaltet wurde.
Das Herzogtum Bayern wurde fortan für mehr als ein Jahrhundert von Herrschern aus dem Sachsenstamm regiert, die ihre Herrschaft von den ottonischen Königen zu Lehen hatten und mit diesen eng verwandt waren.

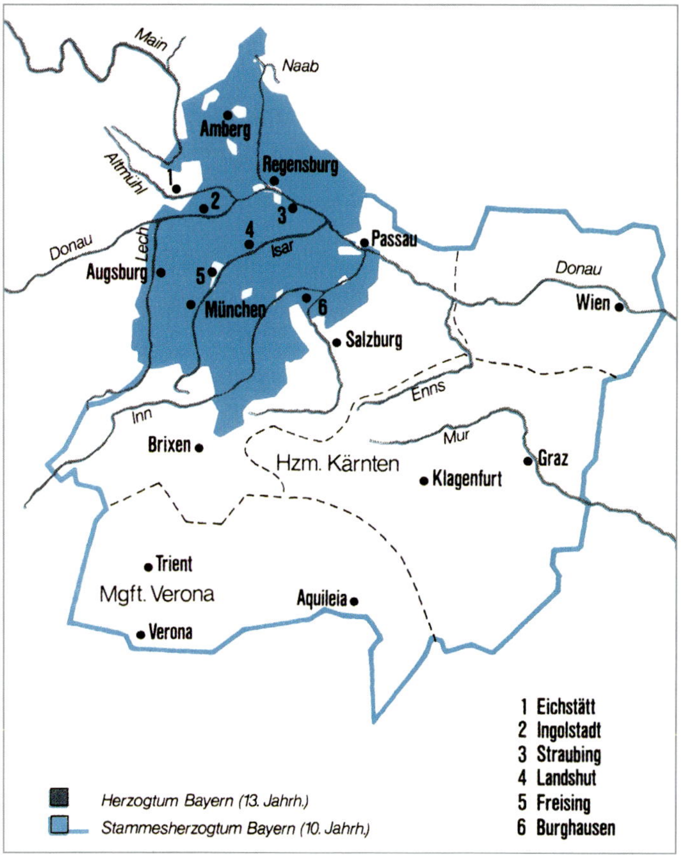

Im Jahr **952**, als das Herzogtum **Friaul** erworben wurde, erreichte Bayern seine größte Ausdehnung und grenzte mit Istrien sogar ans Mittelmeer.
Die **Karte** lässt die räumlichen Veränderungen zwischen 10. und 13. Jahrhundert deutlich werden: Bayern reichte damals bis Wien, Aquileia und Verona, und umfasste bedeutende Gebiete wie das Herzogtum Kärnten, die Grafschaft Tirol und die Markgrafschaft Verona, die aber alle wieder verloren gingen. Drei Jahrhunderte später, als längst die Wittelsbacher in Bayern regierten, war das Herzogtum wesentlich kleiner.

Mit dem Sieg über die Ungarn in der berühmten Schlacht auf dem Lechfeld bei Augsburg im Jahr 955 bestand Kaiser Otto der Große, unterstützt von Bischof Ulrich von Augsburg, seine größte Bewährungsprobe.

Der bedeutendste der bayerischen Herzöge aus dem Sachsenstamm war der im Jahr 995 belehnte Heinrich IV., der bis 1024 bayerischer Herzog war. 1002 wurde er als **Heinrich II.** auch deutscher König, 1014 sogar Kaiser, der einzige Kaiser des Alten Reiches, der sogar heilig gesprochen wurde.
Sein erstes diplomatisches Meisterstück vollbrachte Heinrich 996, als er eine hochpolitische Ehe stiftete und damit die einstigen Feinde, die Ungarn, endgültig befriedete.
Ein Gemälde aus dem Fürstenzyklus in der Grabkapelle der Wittelsbacher im Kloster Scheyern zeigt die Verlobung der bayerischen Herzogstochter Gisela mit dem Sohn des ungarischen Großfürsten Geza. Dieser wurde wenig später König der Ungarn und ist als Stephan der Heilige in die Geschichte eingegangen.
Auf einem Thron nimmt Herzog Heinrich IV., als der Bruder Giselas den Verlobungsakt vor. Zeugen der Zeremonie sind links die Gefolgsleute des Herzogs, rechts die Begleiter Stephans,

in der ungarischen Tracht des 16. und 17. Jahrhunderts. Ein lateinischer Bildtext gibt dem Betrachter die gewünschte Erklärung.

Möglicherweise zeigt das Bild eine Szene, die weder an diesem Ort, im Kloster Scheyern, noch in dieser Form stattgefunden hat. Fest steht lediglich, dass im Jahr 996 **Gisela und Stephan** einander versprochen und beide 1000 oder 1001 zum ungarischen Königspaar gekrönt wurden. Unbestritten ist die Bedeutung Stephans für die Staatsgründung Ungarns und der wesentliche Anteil Giselas an der Christianisierung des Landes.

Der Hofmaler Peter Candid malte das Bild 1624/25 im Auftrag Kurfürst Maximilians I., um die Ruhmestaten der von den Grafen von Scheyern abstammendenWittelsbacher zu würdigen, die weit zurückreichende Tradition des Geschlechts zu rühmen und ihre Bedeutung als Nachfolger Heinrichs II. zu betonen. Dieses Bild ist ein Zeugnis für den Beginn der bayerisch-ungarischen Beziehungen vor über 1000 Jahren. Vielleicht sollte diese Verbindung sogar einen bayerischen Anspruch auf Ungarn begründen.

Gisela unterstützte Stephan beim Aufbau des ungarischen Reiches. Sie gründete Kirchen und Klöster und förderte die sakrale Kunst besonders nachhaltig. Sie übertrug den Kult des heiligen Emmeram nach Ungarn und wirkte maßgeblich bei der Kirchenorganisation mit.

Als Äbtissin des reichsunmittelbaren Frauenstifts Niedernburg zu Passau verbrachte Gisela dort ihren Lebensabend und ist hochbetagt – wohl zwischen 1060 und 1065 – gestorben.

Ihre Grabstätte wurde zum Ziel der Pilgerfahrten zahlloser Ungarn. Bald schon bezeichnete man sie als selige Gisela, obwohl die offizielle Seligsprechung erst 1975 erfolgte.

In den Beziehungen zwischen Ungarn und Bayern ist Gisela eine herausragende Gestalt, die diese beiden Länder wie kaum eine andere Persönlichkeit verbindet.

Heinrich II. entwickelte eine symbolträchtige Programmatik als König. Am eindrucksvollsten informiert uns darüber das nebenstehende **Krönungsbild** in seinem Sakramentar.
Die in Regensburg wohl um 1002 im Auftrag Heinrichs II. entstandene Prachthandschrift gehörte 1007 zu den Geschenken an den von ihm gegründeten Bamberger Dom. Die prunkvolle ornamentale Ausstattung folgt sowohl dem Vorbild des um 870 in der Hofschule Karls des Kahlen entstandenen Codex aureus von St. Emmeram als auch einem für den byzantinischen Kaiser Basileios II. geschaffenen Psalter.
Die Handschrift enthält eine Szene von hoher symbolischer Bedeutung, die Krönung Heinrichs durch Christus. Zwei heilige Bischöfe, Emmeram von Regensburg (rechts) und Ulrich von Augsburg (links) stützen seine Arme und führen ihn vor den Thron Gottes. Haupt, Brust und Schultern des Herrschers ragen in die Mandorla hinein, in der Christus auf dem Weltenbogen thront. Der Herr setzt ihm die Krone auf, zwei Engel überreichen ihm die Heilige Lanze und das Reichsschwert.
Die Krone ist seit dem frühen Mittelalter das zentrale Machtsymbol, das der König aus der Hand Gottes erhält, das königliche Amt ist „von Gottes Gnaden" gegeben. Auch die beiden anderen Reichsinsignien werden dem König aus höherer Sphäre übergeben, das Reichsschwert als Zeichen der Machtausübung und die Heilige Lanze, ein Siegeszeichen, das ihn unmittelbar mit Christus verbindet. Von der Verfügung über die Reichsinsignien hing grundsätzlich die Gültigkeit des Krönungsaktes ab.
Die Abbildung Heinrichs II. weist weit über das Symbolische hinaus und soll seinen Anspruch auf das Königtum begründen. Es ist anzunehmen, dass das Bildprogramm die Meinungen und Absichten aus der engsten Umgebung des Königs widerspiegelte.
Zu der reichen Ausstattung, mit der der Herrscher seine Gründung, das Bistum Bamberg, beschenkte, gehörte auch das Sakramentar, ein zusätzlicher Hinweis auf den Wert und die Bedeutung die der König dieser Handschrift beimaß.

Als Voraussetzung für das Königtum galt zudem die „paterna successio", die Nachfolge in väterlicher Linie, die Heinrich durch seine Verwandtschaft mit den Ottonen begründete. In der umlaufenden Inschrift heißt es daher: „Siehe, es wird gekrönt durch göttliche Autorität und mit der Heiligung versehen,/ der fromme König Heinrich, emporgehoben zum Himmelsgewölbe durch das Geschlecht seiner Ahnen väterlicherseits". Wie ein Programm mittelalterlicher Königsherrschaft mutet das Bild insgesamt an, ein Hinweis auf den ideellen und konzeptionellen Vorrang Heinrichs gegenüber seinen Rivalen.

3

Als König Otto III. 1002 starb, rivalisierten mehrere Herzöge um die Nachfolge. Heinrich konnte sich auf seine Verwandtschaft zu den Ottonen berufen und auf eine stabile, fast königsgleiche Herrschaft in Bayern stützen. Als der Leichenzug mit dem verstorbenen König von Italien nach Bayern kam, erhob er sofort Anspruch auf die Nachfolge. Zur Bekräftigung hatte er bereits dafür gesorgt, dass die Heilige Lanze nach Bayern gebracht wurde. Und als Zeichen für seine enge Verbindung ließ er die Eingeweide des verstorbenen Herrschers in St. Afra zu Augsburg beisetzen, der Bischofskirche des Hl. Ulrich, der als ottonischer Reichsheiliger galt.
Im Zentrum der Politik Heinrichs II. stand denn auch die enge Verbindung mit der Reichskirche. Regensburg war als Hauptstadt geprägt von der monastischen Tradition des Klosters St. Emmeram; der 994 gestorbene Bischof Wolfgang hatte Heinrich noch als Erzieher beeinflusst. Bischöfe und bayerischer Adel waren daher auch die eigentliche Machtposition, von der aus Heinrich zur Königswürde gelangte.
So ist er 1002 von Erzbischof Willigis von Mainz gesalbt worden. Heinrich ist ein starker König gewesen, „ein Herrscher aus Bayern" (Stefan Weinfurter), der damit auch Bayerns Einfluss im Reich ausgeweitet hat. Lobend endet daher auch die Totenklage des Zeitgenossen:
„Er war das Unterpfand der Welt, der Herrschaft würdig, Kaiser der Römer und Lenker der Franken. Über die Schwaben herrschte er und über alle Sachsen und willfährig machte er die wilden Slaven dem Bayern."
Umstritten aber bleibt er bis heute: Die einen verehren ihn als den frommen Mönchskaiser, der Kirche und Reich reformierte, der Bistümer gründete und mit der Verheiratung seiner Schwester Gisela mit Stephan die Christianisierung Ungarns entscheidend förderte.
Den anderen gilt er als kalter Realpolitiker, der die Kirche nur als Machtinstrument nützte und das Reich nur seinen Interessen unterwarf.
Schon 1146 freilich verkündete Papst Eugen III. in einer feierlichen Urkunde die Heiligsprechung des 1024 in Bamberg beigesetzten Kaisers. Zusammen mit seiner wenig später ebenfalls heilig gesprochenen Gemahlin Kunigunde ruht er im Bamberger Dom, wo das von Tilman Riemenschneider geschaffene Grab bis heute Ort frommer Verehrung ist.

Mit Welf I. begann das **welfische Jahrhundert** in Bayern, das den Zeitraumzwischen 1070 und 1180 umfasste. Das fränkisch – schwäbische Geschlecht der Welfen war stark in der Reichspolitik engagiert. Den Höhepunkt seiner Macht erreichte es unter Heinrich X. dem „Stolzen", der allerdings 1138 seine beiden Herzogtümer Bayern und Sachsen verlor. Die Ächtung Heinrichs durch den staufischen König Konrad III. und die Absetzung als Herzog löste den verhängnisvollen staufisch-welfischen Gegensatz aus, der das Reich insgesamt schwächte.

Nach einem kurzen Zwischenspiel der Babenberger in Bayern wurde 1156 das bayerische Herzogtum geteilt. Die Babenberger übernahmen nun den Osten Bayerns, das spätere Herzogtum Österreich, das sie, gestützt auf das Privilegium minus, zu einer stabilen Landesherrschaft ausbauten.

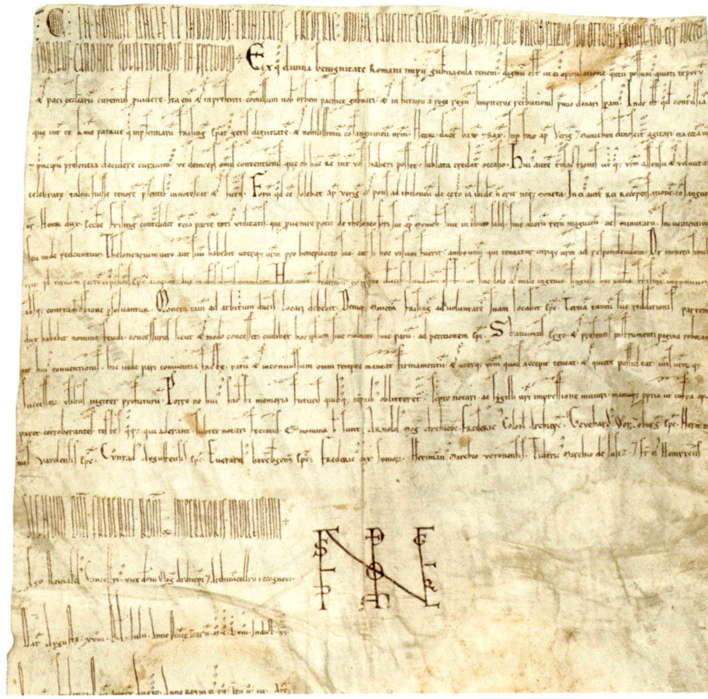

In dem verkleinerten Bayern übernahm der Welfe **Heinrich XII. „der Löwe“** die Macht, dem allerdings seine Herrschaft in Sachsen wichtiger war. Einen markanten Eingriff hat er allerdings vorgenommen, der auch auf die Art seines politischen Vorgehens ein bezeichnendes Licht wirft.

Im Jahr 1158 entschied Friedrich Barbarossa auf dem Reichstag zu Augsburg einen Streit zwischen seinem Onkel, Bischof Otto von Freising, und seinem Vetter Heinrich dem Löwen. Dieser hatte Ende des Jahres 1157 die Isarbrücke und den Markt des Freisinger Bischofs bei Oberföhring zerstört und **„in villam munichen“** verlegt. Der kaiserliche Spruch bestätigte zwar diese gewalttätige Verlagerung, gestand aber dem Bischof als Entschädigung ein Drittel der gesamten Einnahmen Heinrichs des Löwen aus dem Marktzoll und der Münze in munichen zu. Immer wieder ist diese **Urkunde** als Gründungsdokument Münchens verstanden worden, zuletzt noch bei der 850 Jahrfeier der Stadt.

Die verlängerte Schrift am Anfang verweist auf Christus, ruft Gott an und nennt den Kaiser als ihren Aussteller. „Im Namen der heiligen und unteilbaren Dreifaltigkeit, Friedrich durch Gottes gütige Huld Kaiser der Römer und allzeit erlauchter Herrscher, an seinen geliebten Onkel, Bischof von Freising, und dessen kanonisch gewählte Nachfolger...“

In der dritten klein geschriebenen Zeile von oben findet sich rechts die erstmalige Nennung munichens, abgeleitet von der althochdeutschen Form des Wortes Mönch und bedeutet wohl „bei den Mönchen“. Die beiden unteren Halbzeilen enthalten die Datierung. Das rechts daneben stehende Titelmonogramm setzt sich aus Name und Titel des Kaisers zusammen. Es enthält in seiner Mitte den sogenannten Vollziehungsstrich, den der Kaiser anstelle einer Unterschrift vermutlich selbst angebracht hat.

Die neuere stadtgeschichtliche Forschung lehnt die Theorie von einem klösterlichen Urmünchen im 12. Jahrhundert ab und betont vor allem die herrschaftsrechtlichen Wirkungen der Urkunde von 1158. Sie markiert demnach das Scheitern der Freisinger Bischofskirche, die in ihrem Bemühen um ein Wirtschaftsmonopolnun deutlich gebremst worden war. Zugleich zog der Kaiser unter Rückgriff auf altes Regalienrecht das Gesetz des Handelns an sich und verlieh ein Marktprivileg, das dem Muster älterer Fernhandelsmärkte glich. Die Privilegierung von 1158 verweist auf einen weiter zurückliegenden Siedlungsbestand einer größeren Zahl von welfischen Ministerialen. Es war deren Aufgabe, die Herrschaft des Herzogs zu sichern und gegenüber der Freisinger Kirche auszuweiten. Mit dem Spruch des Kaisers war aber der Bischof mit einem Drittel an den Einkünften beteiligt und damit vermutlich auch mit eigenen Amtspersonen in der Stadt präsent. Vielleicht verfügte er sogar über Gerichtsrechte, so dass sein Einfluss in der nun allmählich entstehenden Stadt weiterhin spürbar blieb.
Als Friedrich Barbarossa 1180 Heinrich den Löwen entmachtete und mit der Acht belegte, widerrief er auch das Marktprivileg und zog es zunächst an sich. Später sind die Wittelsbacher in diese Rechte eingetreten und haben als Stadtherren München gefördert und zu ihrer Haupt- und Residenzstadt erhoben. Die Urkunde von 1158 verweist damit bestenfalls auf eine Frühstufe der späteren Stadt und belegt mehr die herrschaftlichen Interessen der Beteiligten als einen stadtgeschichtlichen Gründungsakt.
Ein Jahrhundert später bildete sich in allen Städten ein neuer gesellschaftlicher Faktor heraus. Das Versprechen „Stadtluft macht frei" förderte einen dynamischen Wirtschafts- und Geschäftsgeist, mit dem Handwerker und Kaufleute zum Bürgertum, zum „Dritten Stand", wurden.

Innerhalb des dominierenden Feudalsystems, das Lehen gegen Dienst und Treue vergab, entwickelte sich damals der **Adel**, bestehend aus Uradel und Dienstadel, als **weltliche Führungsschicht** heraus. Im ländlichen Raum herrschten daher in diesen Jahrhunderten zahlreiche mächtige Adelsgeschlechter, unter denen die Falkensteiner eine besonders sprechende Spur hinterlassen haben.
Der **Falkensteiner Codex** stellt eine in ihrer Art einmalige Quelle für die Geschichte eines hochmittelalterlichen Adelsgeschlechts dar. Er enthält das einzige überlieferte Traditionsbuch und das älteste Einkünfteverzeichnis einer weltlichen Grundherrschaft, ein sogenanntes Urbar. Graf Siboto IV. von Falkenstein, Oberhaupt eines mächtigen Dynastengeschlechtes mit reichen Besitzungen im Chiemgau und in Niederösterreich, ließ die Handschrift zum Vermächtnis für seine noch unmündigen Söhne anfertigen, um ihnen damit den gesamten Besitz der Familie ungeschmälert zu erhalten.
Die Handschrift zeichnet sich durch zahlreiche Randillustrationen und vor allem durch fünf Miniaturen aus, deren schönste hier abgebildet ist.

Auf einer bankartigen Leiste sitzen Graf Siboto IV. und seine Gemahlin Hildegard von Mödling, rechts und links von ihnen ihre beiden Söhne, Kuno und Siboto V. Die vier Figuren halten ein Spruchband mit der Aufschrift, die den Abschied des Vaters von der Familie ankündigt.
Die Handschrift ist im Archiv des von den Grafen von Falkenstein gegründeten ehemaligen Augustinerchorherrnstifts Weyarn überliefert und gelangte nach der Säkularisation in das Bayerische Hauptstaatsarchiv.
Der Codex ist zu einem Zeitpunkt abgefasst, als die Falkensteiner auf dem Höhepunkt ihrer Macht waren. 1158 übertrug ihnen Erzbischof Eberhard I. von Salzburg die Vogtei, also die Gerichtshoheit, über die Salzburger und Herrenchiemseer Besitzungen und ließ sie damit zu einem der führenden Adelsgeschlechter im altbayerischen Raum aufsteigen. Wenige Jahrzehnte später wurde den Falkensteinern die Bindung an die Kirche und das politische Bündnis mit der europaweit agierenden Dynastie der Andechs-Meranier zum Verhängnis, weil sie damit in Konflikt mit den ebenso macht- wie aufstiegsbewussten Wittelsbachern gerieten.
1243 fiel der regierende Graf Siboto VI. im Kampf gegen den bayerischen Herzog Otto II., der sich bei der nun folgenden Konfiskation der Falkensteiner Besitzungen den Löwenanteil sicherte. Die Gegenmaßnahmen Kunos, Bruder des Gefallenen, nämlich die Übergabe seines Hab und Guts mit dem Recht der lebenslangen Nutznießung an das Bistum Freising, blieben ohne Erfolg. Er verlor sein gesamtes Erbe und trug damit ungewollt zum rasanten Aufstieg der Wittelsbacher bei, die im 13. Jahrhundert eine Reihe von Adelsgeschlechtern beerbten, und dabei auch vor gewalttätigen Mitteln nicht zurückschreckten. Im Jahre 1260 hört man das letzte Mal von ihm. Vom Sohn Sibotos, dem rechtmäßigen Erben, der beim Tod des Vaters wohl noch jung war, ist nur bekannt, dass er 1272 im Bad ermordet wurde.

4 Die frühen Wittelsbacher

Vor der Bayerischen Staatskanzlei steht im Münchner Hofgarten das Reiterstandbild des Pfalzgrafen **Otto von Wittelsbach**.
Noch heute blickt er uns wacker, mit dem Ausdruck kämpferischer Entschlossenheit an.
Als ritterlicher Bannerträger hält er den Reichsadler in der Rechten und ein Dreiecksschild mit bayerischem Löwen auf dem Rücken. Die Helmglocke ziert ein Siegeslorbeer, der Sockel des Denkmals erinnert an den der Marc Aurel – Statue in Rom.
Dieses immerhin sechs Meter hohe Reiterstandbild ist Ausdruck eines Herrscherkultes, der den Lobpreis der Dynastie als oberstes Anliegen betrachtete. Zugleich war es auch ein Manifest nationaler Einheit und der Bündnistreue Bayerns zum Deutschen Reich.
In der Einweihungsrede am 12.März 1911, dem 90. Geburtstag Prinzregent Luitpolds, hieß es nicht ohne Grund: „Otto von Wittelsbach sei uns für alle Zeiten ein leuchtendes Vorbild, wenn es gilt, unserem allergnädigsten Herrn in Krieg und Frieden Treue um Treue zu geben."
Und ein anderer Festredner betonte ausdrücklich „dass der alte Geist, der kriegerische Geist nicht erloschen ist". Die Fassade des kurz zuvor fertiggestellten Armeemuseums im Hintergrund unterstrich den militärischen Charakter der Feier.
Wenige Jahre später brach der 1. Weltkrieg aus. In seinem Gefolge endete die Herrschaft eines Geschlechts, das mit Otto von Wittelsbach seinen Anfang genommen hatte.

Otto von Wittelsbach, ein Jugendfreund Friedrich Barbarossas, war eine Stütze der Reichs- und Rompolitik des deutschen Königs und Kaisers. Er begleitete ihn 1154 auf seiner Romfahrt als Bannerträger. Für militärische Unterstützung und die treuen Dienste in der Folgezeit wurde er im **Jahre 1180** mit dem Herzogtum Bayern belehnt.
Damit beginnt die Erfolgsgeschichte der **Dynastie der Wittelsbacher**, die in Altbayern und der Pfalz über sieben Jahrhunderte herrschte und dem Land ihren Stempel aufprägte.
Als Erben ausgestorbener Adelsgeschlechter erweiterten die Wittelsbacher ihren Besitz und damit ihre Machtgrundlage. Mit der systematischen Gründung von Städten wie Landshut, Straubing, Burghausen, Ingolstadt oder Kelheim und dem Aufbau einer Landesverwaltung schufen sie Territorien, die sich später zu Staaten im modernen Sinn entwickeln konnten.

Im Jahre 1214 übernahmen die Wittelsbacher auch die Pfalzgrafschaft bei Rhein, eines der angesehensten und bedeutendsten Herrschaftsgebiete, das dem bayerischen Wappen den Löwen eingebracht hat.

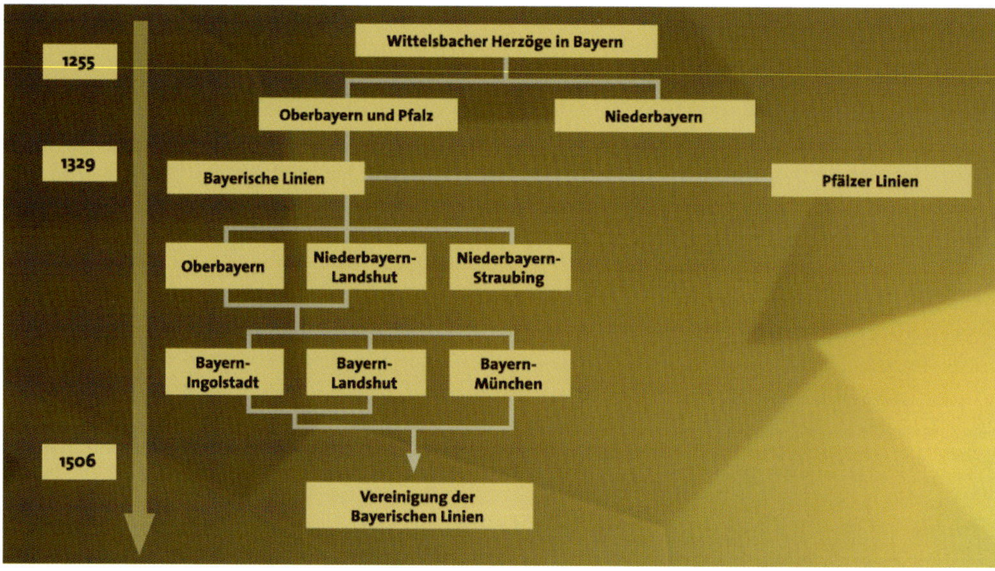

Mit der ersten **Landesteilung 1255** – das Land wurde in die Teilherzogtümer Oberbayern einschließlich der Pfalz und Niederbayern aufgeteilt – zeigte sich wenige Jahrzehnte später eine Schwachstelle des Herrschaftssystems, nämlich die Zersplitterung des Landes durch mehrfache erbrechtliche Teilungen. Daher schuf Kaiser Ludwig der Bayer mit dem **Hausvertrag von Pavia 1329** eine rechtliche Grundlage für die beiden wittelsbachischen Linien, die pfälzische und die altbayerische. Er beurkundete darin auch im Namen seiner Söhne, mit den Pfalzgrafen Rudolf II., Ruprecht I. und Ruprecht II. weitreichende Landesteilungen:

Die Pfalzgrafen und ihre Erben erhielten die Rheinpfalz sowie zahlreiche Gebiete, Burgen und Orte in der „oberen Pfalz", Ludwig und seine Erben Oberbayern, Besitzungen in Schwaben und ebenfalls weiteren Streubesitz im nördlichen Bayern. Beide Parteien gelobten sich gegenseitigen Beistand. Ihre Besitzungen durften sie an niemanden verschenken und verkaufen. Falls ein Verkauf notwendig werden sollte, hatte die andere Partei ein Vorkaufsrecht. Die Kurwürde sollte bei der nächsten Wahl der Pfälzer Seite zustehen, dann aber zwischen beiden Linien wechseln. Bei der Königswahl sollte der jeweilige Inhaber des Kurrechts auch die Interessen der anderen Linie vertreten. Die Linien beerbten sich im Falle ihres Aussterbens gegenseitig.

Der Hausvertrag von Pavia markiert den Beginn einer fast 450 Jahre währenden Trennung des Herzogtums Bayern von der Pfalzgrafschaft bei Rhein. Die an die Pfalzgrafen gefallenen Gebiete auf dem Nordgau, die spätere **Oberpfalz**, wurden 1628 wieder mit dem Kurfürstentum Bayern vereinigt. Obwohl alle Kurfürsten, mit Ausnahme des Kölner Erzbischofs, dem vereinbarten Wechsel der Kurwürde schriftlich zugestimmt hatten, übertrug Kaiser Karl IV. durch die Goldene Bulle 1356 die Kurwürde auf Dauer an die Pfälzer Linie. Erst 1623 gelang es Maximilian I. von Bayern, die Kurwürde wieder zu erlangen. Große Bedeutung erhielt der Hausvertrag von Pavia im 18. Jahrhundert, als nach dem Aussterben der altbayerischen Linie 1777 das Erbrecht der pfälzischen Linie zum Tragen kam.

Ihren ersten Höhepunkt erreichte die wittelsbachische Herrschaft mit **Kaiser Ludwig IV.**, dessen Beiname **„der Bayer"** ursprünglich von seinen Gegnern als Schimpfwort verwendet wurde. Sein Weg zur Herrschaft war alles andere als einfach. Mit der Schlacht bei Gammelsdorfim Jahr 1313 besiegte er den österreichischen Konkurrenten Herzog Friedrich den Schönen und schuf so die Voraussetzung für seine Wahl zum deutschen König im folgenden Jahr.
In der Schlacht von Mühldorf , der letzten großen Ritterschlacht in Deutschland, schaltete er 1322 die Habsburger endgültig aus. 1328 ließ er sich vom römischen Volk zum Kaiser krönen und war damit als erster Wittelsbacher Reichsoberhaupt. Gleichzeitig wurde er von den Päpsten als Ketzer exkommuniziert und mit dem Bann belegt, der erst 1625 aufgehoben wurde.

Im Bayerischen Nationalmuseum kann man ein **Relief** betrachten, das einst die Burgkapelle St. Lorenz im Alten Hof zu München zierte. Ludwig ließ es 1324 im Rahmen der Erweiterung der Lorenzkirche anbringen, die 1816 abgebrochen wurde. Das Relief zeigt die Überreichung des Modells der Hofkirche durch Kaiserin Margaretha an die thronende Muttergottes, auf der rechten Seite kniet der Kaiser.
Mit dieser Stiftung wollte Ludwig nicht nur seine Kirchentreue beweisen, sondern auch ein programmatisches Bekenntnis zur Patrona Bavariae ablegen. Er, der Zeit seines Lebens im Konflikt mit dem Papsttum stand, er, der im Bann starb, wollte damit seinen Anspruch gegenüber den in Avignon residierenden Päpsten geradezu in Stein meißeln.

Der Alte Hof wurde Ludwigs feste Residenz. München erlebte als wichtiges politisches und geistiges Zentrum im damaligen Reich eine erste Blütezeit. Sogar die Reichskleinodien beherbergte es für einige Jahrzehnte in seinen Mauern und stieg damit zum symbolischen Mittelpunkt des Reiches auf.
Als zielstrebiger Landesherr förderte Ludwig die Klöster und die Städte seines Herzogtums durch Privilegien und schuf mit einem Landrecht Sicherheit für seine Untertanen. Für wenige Jahre regierte er auch das gesamte altbayerische Territorium, ehe das Land durch zwei weitere Teilungen zeitweise in mehrere altbayerische Teilherzogtümer zerfiel.
Auch in seiner Hausmachtpolitik war er überaus erfolgreich. Er erwarb durch Heiratspolitik neben Tirol auch Brandenburg und Holland, Landesteile, die allerdings innerhalb weniger Jahrzehnte verloren gingen.
Als Ludwig am 11. Oktober 1347 bei der Bärenjagd in der Nähe des Klosters Fürstenfeld einem Herzschlag erlag, starb er im Bann und von einem Gegenkönig bedroht, dem späteren deutschen König Karl IV.

Nach Ludwigs Tod zerfiel das Land wieder, wie die **Karte der Teilherzogtümer** zeigt:
Bayern-Landshut ragt heraus als größtes geschlossenes und wohlhabendstes Territorium. Seine Herrscher sind im 15. Jahrhundert als Reiche Herzöge in die Geschichte eingegangen.

Das Teilherzogtum **Niederbayern-Straubing-Holland** hatte nur bis 1425 Bestand.

Das stark zersplitterte Teilherzogtum **Bayern-Ingolstadt** schrieb immerhin mit Isabeau de Bavière europäische Geschichte. Die Schwester des regierenden Herzogs Ludwig d. Gebarteten war nämlich mit dem geisteskranken französischen König Karl VI. verheiratet. Gemeinsam mit ihrem ehrgeizigen Bruder, der auch Ingolstadts Stadtbild entscheidend geprägt hat, mischte sie im Spiel der europäischen Großmächte aktiv mit.

Im Teilherzogtum **Bayern-München** ereignete sich die traurige Liebesgeschichte zwischen Herzog Ernsts Sohn Albrecht und Agnes Bernauer, die aus Gründen der Staatsräson nicht Ehefrau des Herzogssohnes sein durfte und deshalb in der Donau ertränkt wurde.

Aus unterschiedlichen Rechten gespeist entstand in jedem dieser Herzogtümer eine Landeshoheit, die über eine feste Wirtschaftsbasis und eine funktionierende Verwaltungsorganisation verfügte.
Die wittelsbachischen Regenten mussten ihre Herrschaftsrechte durchaus teilen mit den drei Ständen, die gemeinsam das Land repräsentierten und die herzogliche Macht beschränkten.

Die vier Herzogtümer nach der Teilung von 1392

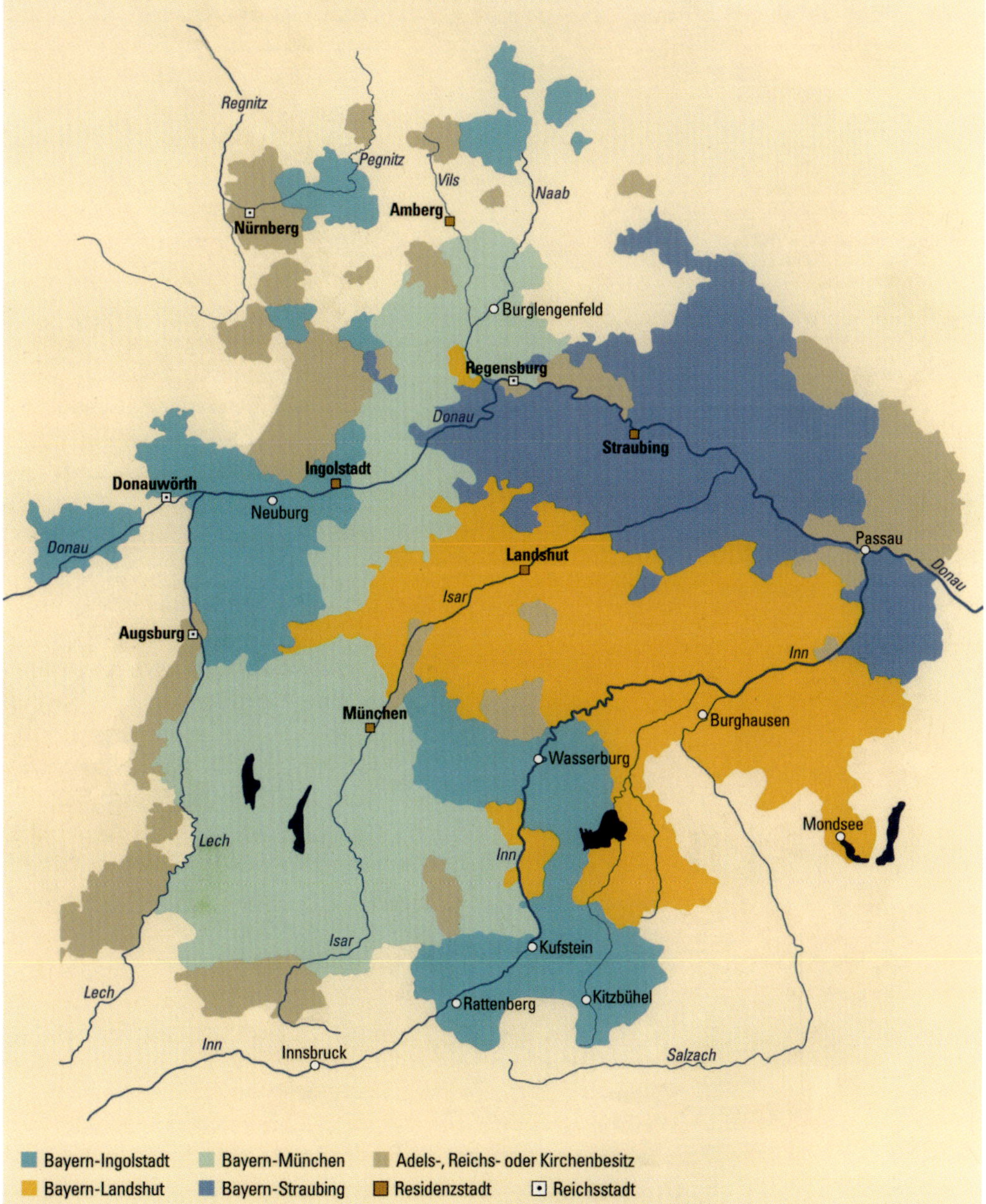

Das bekannteste urkundliche Zeugnis aus dieser Zeit ist die **Ottonische Handfeste von 1311**, die eine Sondersteuer für den niederbayerischen Landesherrn Otto III. gewährt.
1305 zum ungarischen König ausgerufen, benötigte dieser dringend Geld zur Übernahme der Macht in Ungarn. Dafür bestätigte er den Adeligen alle Privilegien und Freiheiten, vor allem ihre Rechte auf Zusammenschluss, auf Bündnis und Widerstand und auf Steuerbewilligung. Besonders wichtig war die zugesagte Niedergerichtsbarkeit, die alle Rechtsfälle mit Ausnahme von Diebstahl, Totschlag, Notzucht und Straßenraub umfasste, die der Hochgerichtsbarkeit des Herzogs vorbehalten blieben.
Die Urkunde ist in acht Originalen und zahlreichen Abschriften überliefert. Die Bezeichnung „Handfeste" verweist auf ihre besondere Rechtskraft, die durch Handauflegung des entscheidenden Ausstellers verliehen wurde. Wegen der Vielzahl der vereinbarten Gegenstände musste die Urkunde sehr groß gestaltet und sehr eng beschriftet werden. Die sechs Siegel beziehen sich auf Otto selbst, seine beiden Neffen, seine Gattin, sowie seine Schwester und seine Schwägerin.
Mit dieser „Magna Charta" der bayerischen Verfassungsentwicklung wurden die in der „Landschaft" vereinigten Stände zum eigenständigen Faktor neben dem Landesherrn, nachdem die Vertreter der Prälaten und der Städte und Märkte ebenfalls einbezogen worden waren.
Diese drei Stände, die Äbte und Pröpste der Klöster, die sogenannten Prälaten, die Adeligen des Landes und die Bürger der Städte und Märkte schufen damit die Grundlage für den **bayerischen Ständestaat**, der bis zum frühen 19. Jahrhundert die Basis des gesellschaftlichen und politischen Lebens bildete.

Das niederbayerische Herzogtum Bayern-Landshut umfasste nicht nur den weitaus größten Teil von Bayern, sondern war auch das finanzstärkste und am besten verwaltete Teilherzogtum. Seit 1450 war ihm auch das Herzogtum Bayern-Ingolstadt angeschlossen. Mit der Förderung von Wirtschaft, Wissenschaft und Kultur und einer straff gegliederten und streng geführten Verwaltung nahm es unter den „Reichen Herzögen" Ludwig und Georg einen glanzvollen Aufschwung.

Das **Stifterblatt der Universität Ingolstadt** aus dem Matrikelband, der die Immatrikulationen der Jahre 1472-1547 enthält, zeugt von der zweckrationalen Ausrichtung der wittelsbachischen Landesherrschaft. Es zeigt in der Mitte die Madonna als Patronin mit Krone und Nimbus, links den Stifter Herzog Ludwig den Reichen mit dem bayerischen Wappen zu seinen Füßen und rechts den ersten gewählten Rektor der 1472 gegründeten Universität, Christoph Mendel mit rotem Talar und Barett. 1479 verließ Mendel die Universität und wurde Generalvikar im Bistum Eichstätt. 1499 berief ihn der Erzbischof von Salzburg zum Kanzler, drei Jahre später ernannte er ihn zum Bischof von Chiemsee.

Ludwig IX. der Reiche von Niederbayern-Landshut stiftete die Alma mater, die ihren Sitz im Pfründnerhaus des Kollegiengebäudes zu Ingolstadt hatte. Als erklärter Reformpolitiker hatte er den Wert der Bildung für den Staat erkannt und wollte zugleich das neu erworbene Territorium Bayern-Ingolstadt für sich gewinnen.

Die Universität war ausgestattet mit den vier klassischen Fakultäten Philosophie, Jura, Medizin und Theologie. Als zwölfte Hochschulgründung im Heiligen Römischen Reich zählte sie mit 500 Studenten auch zu den frequentiertesten. Dominiert von den Jesuiten, wurde sie bald auch der Gegenpol zur protestantischen Hochburg Wittenberg. In der Person Leonharden von Ecks zählte sie den profiliertesten Luthergegner des 16. Jahrhunderts zu ihrem Kollegium.

Am 14. November 1475 heiratete Herzog Georg von Bayern-Landshut die polnische Königstochter Hedwig in einer prunkvollen Hochzeit, die alle bisherigen übertraf.

Das nüchterne Dokument der **„Heiratspublikation"** gibt wenig von dieser festlichen Atmosphäre wieder. Hier ist der ökonomische Teil dieser Eheschließung festgehalten.
Immerhin 64 000 Gulden sagt der polnische König Kasimir als Mitgift und Hochzeitsgeschenk zu, zugleich wird der Herzog in die Pflicht genommen, seinen Teil einzubringen und die Lebensgrundlage der polnischen Ehefrau sicher zu stellen.

Kaiser Friedrich III. und sein Sohn Maximilian waren zu Gast, rund 10000 Gäste und die gesamte Landshuter Bürgerschaft wurden acht Tage lang freigehalten. Die Rechnung belief sich auf über 60 000 Gulden. 323 Ochsen, 1133 Schafe, 11500 Gänse und 194 345 Eier wurden verzehrt und 336 984 Maß Speisewein getrunken. Der Ablauf der Feier ist durch den Bericht des „Markgrafenschreibers" detailliert überliefert. Demnach kam die Braut am 14. November 1475 in Landshut an. Der Weg führte dann sofort nach St. Martin, wo der Erzbischof von Salzburg die Trauung vollzog. Im Rathaus wurde das Festmahl abgehalten, der dortige Prunksaal wurde als Ballsaal genutzt. Der Kaiser führte Hedwig zum ersten Tanz.

Doch die so glanzvoll begonnene Ehe blieb ohne männlichen Erben. Hedwig verlebte den Großteil ihrer künftigen Jahre in Burghausen, wo die Burg als Familiensitz, Schatzkammer und herzogliches Verließ diente.
Ein hausgemachter wittelsbachischer Familienkonflikt führte 1503 zum **Landshuter Erbfolgekrieg** zwischen der niederbayerischen Linie der Wittelsbacher, den Landshuter Herzögen, und Herzog Albrecht IV. von Bayern-München. Durch geschickte Heiratspolitik hatte Herzog Georg von Bayern-Landshut sich eng mit dem Kurfürsten Philipp von der Pfalz verbunden und damit den Erbanspruch seines Münchner Vetters zu verhindern versucht. 1496 verfügte

Georg in seinem Testament, dass das Herzogtum nach seinem Tod an seine Tochter Elisabeth und deren Ehemann Rupprecht von der Pfalz fallen solle.
Kurz vor seinem Tode im Jahre 1503 adoptierte er sogar noch seinen Schwiegersohn und setzte ihn zum Universalerben des Herzogtums Bayern-Landshut ein, ein klarer Verstoß gegen den Hausvertrag von Pavia, wonach das Erbe zunächst der Münchner Linie zustand. Als Rupprecht nun gemeinsam mit seiner Ehefrau Elisabeth das niederbayerische Herzogtum in Besitz nahm, erklärte ihm Albrecht IV. im Bündnis mit Böhmen, dem Schwäbischen Bund, der Reichstadt Nürnberg, den Markgrafen von Brandenburg, Württemberg und Baden und vor allem seinem Schwager König Maximilian I. den Krieg. Da schon im Folgejahr Rupprecht, Elisabeth und ihr ältester Sohn Georg einer Seuche zum Opfer fielen, endete der unselige Bruderkrieg schließlich zugunsten der Münchner Linie.
Am 30. Juli des Jahres 1505 verkündigte Kaiser Maximilian I. den „Kölner Spruch", der die süddeutsche Landkarte für die kommenden drei Jahrhunderte nachhaltig veränderte. Denn durch dieses Dekret wurde für die beiden noch unmündigen Söhne Rupprechts und Elisabeths, Ottheinrich und Philipp, ein völlig neues, auf dem „Reißbrett gezogenes" Territorium geschaffen, das **Fürstentum Pfalz-Neuburg**, die „junge" Pfalz, wie es in Unterscheidung zur „alten" Pfalz, der Kurpfalz, anfangs genannt wurde. Freilich war es nicht mehr als ein Flickenteppich aus sieben größeren Landesteilen und einer Hand voll Enklaven in den heutigen bayerischen Regierungsbezirken Mittelfranken, Oberbayern, Oberpfalz und Schwaben. Das Gebiet erstreckte sich von Gundelfingen entlang der Donau bis gegen Regensburg, griff im Norden in Richtung Fichtelgebirge aus und stieß, von Süden und Osten kommend, bis an die Grenzen der Reichsstadt Nürnberg.
Den größten Gewinn aus diesem Krieg zog allerdings Maximilian selbst, der sich als Schiedsrichter großzügig aus dem Erbe Georgs des Reichen entlohnte. Besitzungen in Schwaben und Oberösterreich, vor allem aber das Tiroler Inntal mit den Gerichten Kitzbühel, Kufstein und Rattenberg samt den höchst ertragreichen Silbergruben waren fortan habsburgisch. Die Münchner Wittelsbacher erhielten immerhin das verkleinerte niederbayerische Erbe, sodass mit dem Kölner Spruch die Jahrhunderte der altbayerischen Landesteilungen auf Dauer beendet waren. Volljährig geworden übernahmen Ottheinrich und Philipp 1522 die Herrschaft in Pfalz-Neuburg. Erst regierten sie gemeinsam, dann zog sich Philipp zurück. Ottheinrich errichtete nun eine prachtvolle Residenz, die bis heute als Inbegriff der schwäbisch-altbayerischen Renaissance gilt. Als Sammler und Mäzen, als Förderer der Wissenschaften und Künste hat er dem Neuburger Hof zu europäischem Ansehen verholfen, dabei zugleich aber die Finanzkraft des Landes heillos überfordert. So ging er bankrott und verlor, nachdem er evangelisch geworden war, auch sein Fürstentum. 1546 belagerten kaiserliche Truppen die Stadt. Neuburg wurde erobert, das halbfertige Schloss angeblich bis auf den letzten Nagel geplündert. 1552 kam der inzwischen rehabilitierte Pfalzgraf noch einmal an die Donau zurück. Doch schon vier Jahre später kehrte er der Stadt endgültig den Rücken, um als Kurfürst nach Heidelberg zu gehen. Die „Junge Pfalz" erlebte danach eine wechselvolle Geschichte mit Änderungen der Konfession und unterschiedlichen dynastischen Zugehörigkeiten, ehe Regierung und Landschaft im Jahr 1808 endgültig aufgelöst und die Territorien dem jungen Königreich Bayern zugeschlagen wurden.

5 Franken und Schwaben im Mittelalter

Franken und Schwaben wiesen im Mittelalter eine verwirrende Vielfalt von Territorien auf. Nach dem Ende der Stauferherrschaft in der Mitte des 13. Jahrhunderts hatten sich in Franken drei rivalisierende Territorialkomplexe herausgebildet, die zu bestimmenden Faktoren bis zum Ende des Alten Reiches wurden:
Zum einen waren dies die kirchlichen Herrschaftsgebiete der Fürstbischöfe, die Hochstifte Würzburg, Bamberg und Eichstätt. Zum anderen Adelsherrschaften besonders die Burggrafschaft Nürnberg, die – 1415 nach dem Erwerb der Mark Brandenburg zur Markgrafschaft erhoben – die Herrschaft der Hohenzollern begründete. Zum dritten waren es die Reichsstädte wie Nürnberg, Rothenburg, Schweinfurt, Dinkelsbühl, Weißenburg und Windsheim. Daneben gab es viele kleine Gebiete, deren Herren Reichsritter oder andere adelige Geschlechter waren (s. Karte S. 54).

Eine herausragende Rolle unter den geistlichen Territorien in Franken spielte das Hochstift **Würzburg**. Die Würzburger Bischofschronik zeigt ein Bild, auf dem Friedrich Barbarossa 1168 die „Güldene Freiheit" an Bischof Herold überreicht, eine „fundamentale Rechtsverleihung", wie sie ein Rechtshistoriker genannt hat.
Nachdem Friedrich Barbarossa in einer katastrophalen Niederlage vor Rom das gesamte Heer verloren hatte, berief er für das Frühjahr 1168 einen Hoftag nach Würzburg, um sich der Unterstützung der Großen des Reichs zu versichern. Diese Situation nützte Bischof Herold von Würzburg, der bereits eine herausgehobene Machtposition in Franken beanspruchte, um seine weitreichenden Forderungen vom Kaiser bestätigt zu erhalten.

Durch die als **„Güldene Freiheit"** bezeichnete Urkunde erhielt Herold alle Rechte eines Landesfürsten, insbesondere die hohe Gerichtsbarkeit. Um seinen Anspruch auf ein Herzogtum Franken zu begründen, hatte er eigens drei ältere Urkunden fälschen lassen, wobei die Originale vernichtet und die ursprünglichen Siegel auf die Fälschungen übertragen wurden. Gegen diese mit fragwürdigen Methoden erreichte Würde eines Landesfürsten hatten nicht nur die Bischöfe in Mainz, Eichstätt und vor allem Bamberg, sondern auch die hohenzollerschen Markgrafen erhebliche Einwände. So blieb trotz der späteren Anerkennung durch Papst und König diese Herzogswürde stets umstritten und in der Verfassungswirklichkeit des Alten Reiches begrenzt auf Diözese und Hochstift Würzburg, wo der Fürstbischof reale Rechte innehatte als Bischof, als Fürst und als Landesherr.
Mit den Bestimmungen des Herzogsprivilegs verfestigte sich allerdings die Teilung Frankens in ein nördliches „Herzogtum" des Würzburger Bischofs und ein südliches Gebiet, das dem staufischen Machtbereich zuzurechnen war.
Obwohl in der „Güldenen Freiheit" nur von einem „Ducatus Wirceburgensis" die Rede ist, wurde diese Urkunde Bezugspunkt für alle späteren Ansprüche.

Die Würzburger Kirche identifizierte sich mehr und mehr mit Franken und dokumentierte dies auch durch die Darstellung von Schwertern auf Siegeln und Grabmälern. Seit 1446 lautete die Titulatur des Fürstbischofs konsequent „Herzog zu Franken". Verstärkt wurde dieser Führungsanspruch noch durch die Erklärung des Hl. Kilian zum Patron aller Franken, der ebenfalls mit dem Herrschaftszeichen des Schwertes ausgestattet wurde. Im Deckenfresko des Tiepolo in der Würzburger Residenz ist die historische Szene der Urkundenverleihung noch 1752 ins Bild gesetzt worden, um die Gültigkeit alter Rechte, nicht zuletzt die Souveränität des geistlichen Fürstentums zu belegen.

Rang und Titel spielten sogar nach der Säkularisation noch eine Rolle, als die bayerischen Könige sich ihrer zur Zusammenfassung aller Rechtsansprüche in den neu erworbenen fränkischen Gebieten bedienten. Das fränkische Herzogsschwert als höchst umstrittenes Säkularisationsobjekt und der fränkische Rechen im bayerischen Wappen zeugen bis heute von diesem Kapitel fränkischer Geschichte.

Karte von Franken um 1500

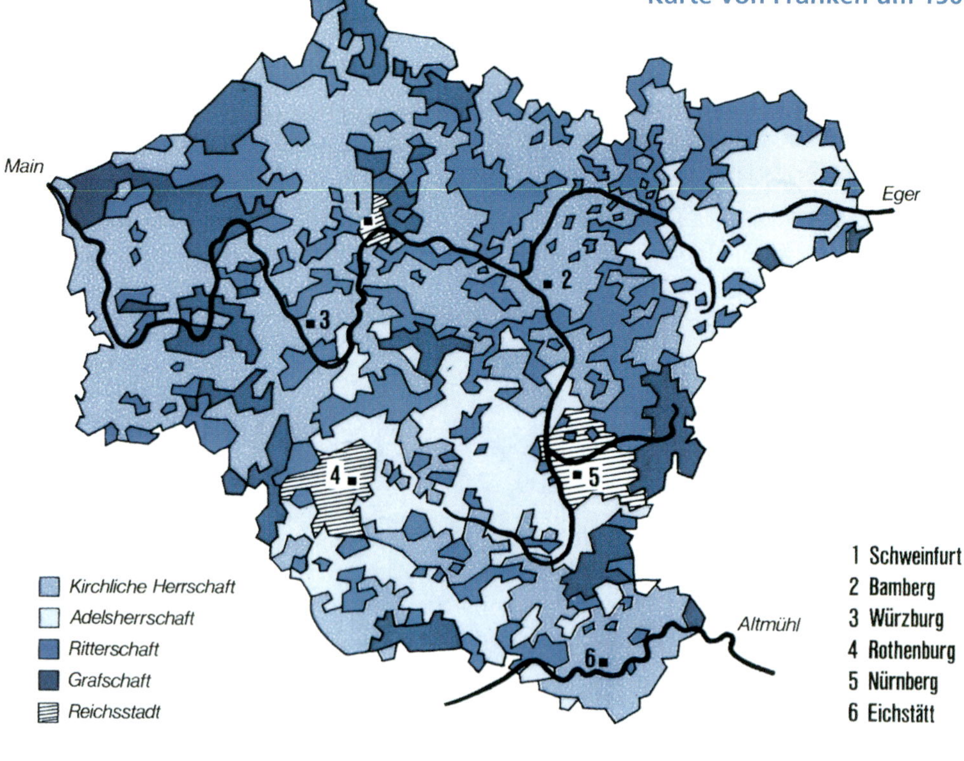

Im Zentrum Frankens stand **Nürnberg**, die bedeutendste Reichstadt neben Aachen und Frankfurt. Besonderen Rang erhielt sie als Aufbewahrungsort von Reichsinsignien und -kleinodien.

Bis 1421 waren diese auf der böhmischen Burg Karlstein gehütet und jedes Jahr am Freitag nach der Osteroktav auf dem Karlsplatz in Prag der Öffentlichkeit präsentiert worden. Wegen der Bedrohung durch die Hussiten und aus politischen Gründen übergab sie König Sigismund im September 1423 als ewige Stiftung an Rat und Stadt Nürnberg. So war dem König gedient, der die Reichsinsignien damit dem Zugriff der Kirche oder der Kurfürsten entzogen hatte, aber auch der besonders zuverlässigen Reichsstadt Nürnberg, die ihr Ansehen erheblich steigern konnte und wirtschaftlichen Profit aus dieser Entscheidung zog.

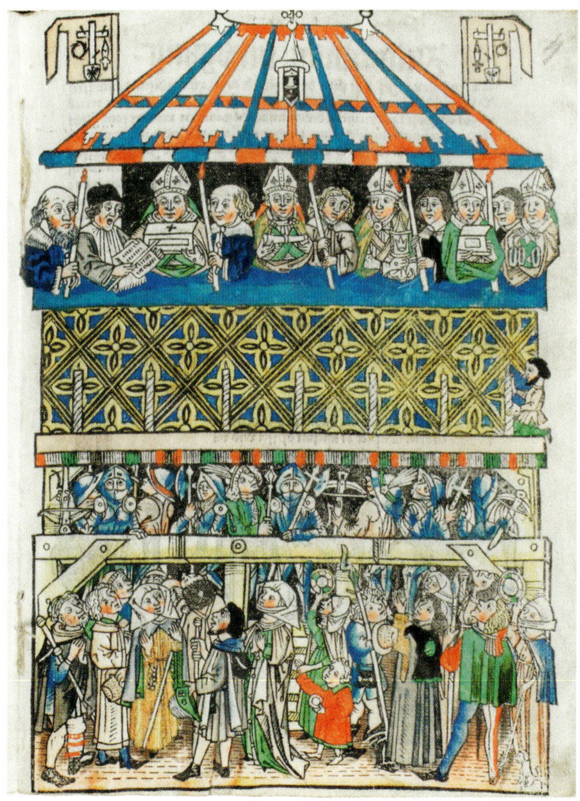

Ein kolorierter Holzschnitt auf Pergament, der 1487 in Nürnberg entstanden ist und vielleicht von dem berühmten Nürnberger Künstler Peter Vischer dem Älteren gefertigt wurde, zeigt uns die **Heiltumsweisung der Reichskleinodien**. Er findet sich in einem der Heiltumsbüchlein, die an Besucher verkauft wurden und reichlich Geld in die städtische Kasse brachten. Abgebildet ist der Heiltumsstuhl, auf dessen drei Etagen sich das Geschehen abspielt: Unten steht das staunende Volk, wobei Kleidung und Haltung der Personen auf ein hochrangiges Publikum schließen lassen. Auf der Empore darüber bewachen Soldaten den wertvollen Schatz. Auf einem ornamental verzierten, von Kerzen umgebenem Balkon findet das eigentliche Geschehen statt. Dort wird von fünf Geistlichen, denen Ratsmitglieder mit Kerzen assistieren, und dem „Heiltumsschreier" der Reliquienschatz gezeigt.

Das Blatt erinnert nicht nur an die Blütezeit der Reichsstadt Nürnberg, sondern gibt auch einen Eindruck von der Symbolkraft der Reichskleinodien, die in dieser Heiltumsweisung zum ideellen Mittelpunkt des Heiligen Römischen Reiches wurden: Reichskrone, Reichsapfel, Zep-

ter, Reichs- und Zeremonialschwert, die Krönungsgewänder, das Reichskreuz, die Heilige Lanze und das Behältnis der Reichsreliquien mit den Partikeln des Heiligen Kreuzes, einem Span von der Krippe Jesu, einem Gewandstück des Evangelisten Johannes, einer goldenen Schachtel mit drei Kettengliedern der Apostel Paulus, Petrus und Johannes, einem Kästchen mit einem Armbein der heiligen Anna, einem Stück vom Tischtuch des letzten Abendmahls und einem Teilchen vom Schürztuch des Herrn, das er bei der Fußwaschung getragen haben soll.
Nach einem strengen liturgischen Ritual verlief die Heiltumsweisung. Eine Stunde vor Tagesanbruch wurde, meist vom Abt des Ägidienklosters zelebriert, ein feierliches Hochamt gelesen, unter freiem Himmel, auf der Empore des „Heiltumsstuhles". Der sogenannte „Heiltumsschreier" hob anschließend die besondere Qualität der Reliquien hervor und verkündete einen vierzigtägigen Ablass. Die eigentliche Weisung schloss sich nun an: In drei Durchgängen wiesen fünf Äbte, assistiert von einigen Ratsherren, die Reliquien dem Volk. Dabei zeigte ein Geistlicher auf die in kostbaren Gefäßen aufbewahrten Heiltümer, ein zweiter deutete mit dem Zeigestab darauf, während der Heiltumsschreier die einzelnen Stücke kurz erläuterte. Bittgebete für Kirche, Reich und Stände, Segnungen und Lieder bildeten den feierlichen Ausklang der Zeremonie, der sich ein festliches Mahl anschloss.
Aus Angst vor Massenausschreitungen oder einem Handstreich schuf man ein nahezu lückenloses Bewachungssystem, das durch detaillierte Ordnungen geregelt war. Der Zugang zur Stadt war eingeschränkt. Mit Ausnahme des verstärkt besetzten Frauen- und Neutores wurden alle übrigen Tore auch tagsüber geschlossen gehalten, die Fallgitter am Ein- und Ausfluss der Pegnitz blieben heruntergelassen. Dank dieser Vorkehrungen gelang es dem Rat, einer Gefährdung der Reichskleinodien vorzubeugen.
Nicht zu unterschätzen war die wirtschaftliche Bedeutung der Heiltumsweisung. Die zahlreichen Besucher brachten Geld in die Stadt, ließen Opfergaben hier und kauften Devotionalien und Erinnerungsblätter. Vor allem aber bot das Fest den Anlass zur Abhaltung eines Marktes, der 1431 durch königliche Privilegien in eine Reichsmesse umgewandelt wurde.
Die unbedingte Reichstreue der sich emanzipierenden Bürgerschaft lohnte sich für die Stadt, die Kaiser Friedrich II. schon 1219 als „carissima civitas" bezeichnet und zum Schauplatz des ersten Reichstages nach jeder Königswahl bestimmt hatte. Die von ihm und Kaiser Ludwig dem Bayern verliehenen Privilegien begünstigten den für Nürnberg so wichtigen Fernhandel und weiteten die städtische Gerichtshoheit erheblich aus.
Bis zur Reformation blieb die geistliche Bedeutung der Reichskleinodien und ihre Verehrung als Reliquien äußerst lebendig und populär. In nachreformatorischer Zeit allerdings verlor die Reliquienschau ihre sakrale Bedeutung und entwickelte sich mehr zum Höhepunkt des Besuchsprogramms prominenter Persönlichkeiten. Die Heiltumsweisungen endeten 1524.
Zwischen 1050 und 1792 waren immerhin 36 von 51 gekrönten Herrschern des Heiligen Römischen Reiches mindesten einmal in Nürnberg, die Spitzenstellung hält Kaiser Ludwig der Bayer mit 74 Besuchen, gefolgt vonKaiser Karl IV. mit 52 Aufenthalten.

Eine der bedeutendsten Adelsfamilien waren die **Andechs-Meranier**, deren Stammsitz in Dießen am Ammersee lag. Sie verfügten über reiche Besitzungen in Altbayern und beherrschten weite Gebiete des heutigen Oberfranken, die sie seit dem 11. Jahrhundert zu einem machtvollen Herrschaftszentrum mit den zentralen Orten Kulmbach und Bayreuth, der Plassenburg als Stammsitz und Kloster Langheim als Hauskloster ausbauten. Dazu kamen in der Folgezeit Ländereien in Tirol, Kärnten, der Steiermark, in Istrien und der Krain.
Durch Heirat und Verwandtschaftsbeziehungen stieg dieses Hochadelsgeschlecht zu europäischer Bedeutung auf. Ekbert, der Erbauer des Bamberger Domes Anfang des 13. Jahrhunderts, war Bischof von Bamberg, Berthold Patriarch von Aquileia, Agnes mit König Philipp von Frankreich, Gertrud mit dem ungarischen König Andreas verheiratet. Deren Tochter war die Hl. Elisabeth, Landgräfin von Thüringen. Andechs-Meranier waren Gründer von Innsbruck, Herzöge von Meranien, einem Landstrich an der dalmatinischen Küste im heutigen Kroatien, Markgrafen von Istrien, Pfalzgrafen von Burgund und Bischöfe von Regensburg.
Ein Fresko in der Chorkuppel der Kirche des Augustiner-Chorherrnstifts Dießen versammelt in einem einzigartigen Bilderhimmel alle Heiligen und Seliggesprochenen aus diesem Geschlecht, 27 an der Zahl, darunter auch Hedwig und Elisabeth.
Auf dem Höhepunkt ihrer Macht gerieten Bischof Ekbert und Markgraf Heinrich von Istrien in Verdacht, an der Ermordung König Philipps von Schwaben 1208 im Bamberger Dom beteiligt gewesen zu sein. Damit war der Niedergang des Geschlechts eingeläutet.

1248 starb Herzog Otto VIII., der letzte Andechs-Meranier, auf seiner fränkischen Burg Niesten im heutigen Landkreis Lichtenfels, ohne einen Nachfolger zu hinterlassen.
Sein Erbe traten in Bayern die Wittelsbacher, in Franken die Burggrafen von Nürnberg, die Grafen von Orlamünde sowie die Grafen von Truhendingen besonders das Hochstift Bamberg an. Zum Zuge kamen aber auch die Habsburger, das Hochstift Passau, das Patriarchat von Aquileja und die Grafen von Tirol.

An ein herausragendes Mitglied dieser Familie erinnert eine Sandsteinfigur, die in einer Passauer Bildhauerwerkstatt um 1430 angefertigt wurde.
Sie zeigt die **Hl. Hedwig** als Matrone in einem langen, goldgesäumten Kleid, den Kopf bedecken ein Tuch und der Herzogshut. In der rechten Hand hält sie ein überdimensioniertes Kirchenmodell, in der linken einen Rosenkranz und ein Paar Schuhe.
Die Figur hat im nördlichen Seitenschiff der Niedernburger Klosterkirche zu Passau ihren Platz gefunden. Früher stand sie in der sogenannten Perzkapelle, wo sich auch das gotische Hochgrab Giselas, der bayerischen Herzogstochter und ungarischen Königin, befand. Diese Zusammenstellung war nicht zufällig: Gisela und Hedwig waren beide bayerische Fürstentöchter, die mit Herrschern des Ostens verheiratet und nach dem Tod ihrer Männer aufgrund ihrer außergewöhnlichen Mildtätigkeit in die Reihe der sogenannten heiligen Witwen aufgestiegen waren.

Hedwig, vermutlich um 1180 geboren, soll schon im Alter von 12 Jahren mit dem Piastenfürsten Heinrich vermählt worden sein. Wie die Andechs-Meranier gehörten die Piasten dem europäischen Hochadel an und waren eng mit der Geschichte Polens verbunden. Im Laufe der Jahrzehnte zwischen 1201 und 1238 stieg Heinrich dort zum mächtigsten Fürsten auf, geriet aber in Konflikt mit der Kirche und starb im Bann.
Hedwig, die sich schon 1208 mit der Gründung des Klosters Trebnitz einen Alterssitz und ein Denkmal geschaffen hatte, zog sich nach dem Tod ihres Mannes gänzlich zurück und führte nach Aussage ihrer Vita ein Leben der Askese, Frömmigkeit und Nächstenliebe. Trebnitz

ist bis heute Mittelpunkt des Hedwigskultes in Polen und ein vielbesuchter Wallfahrtsort. Schon wenige Jahre nach ihrem Tod am 14. Oktober 1243 wurde Hedwig heiliggesprochen. Ausgelöst durch die im 14. Jahrhundert entstandene Legende fand die Hedwigsverehrung reichen Niederschlag in Buchmalerei, Gemälden, Reliquiaren und Plastiken. Dieser Tradition gehört auch die abgebildete Figur an, die stilistisch zugleich an die Schönen Madonnen des bayerisch-salzburgischen Typs erinnert.

Hedwig ist im Laufe der Jahrhunderte von der Landesfürstin zur Landesheiligen geworden, deren Gedächtnis in Deutschland durch die vertriebenen Schlesier erhalten geblieben ist. Sie ist damit auch zu einer Brückenbauerin geworden zwischen Deutschen und Polen, deren Bedeutung nach dem Zusammenbruch des Ostblocks eher zugenommen hat. 1965 schrieben die deutschen Bischöfe in einem Antwortbrief an ihre polnischen Amtsbrüder: „Es berührt uns tief, daß wir in der Verehrung der heiligen Hedwig vereint sind, die deutscher Herkunft und doch, wie Sie schreiben, die größte Wohltäterin des polnischen Volkes im 13. Jahrhundert gewesen ist."

Auch in **Bayerisch-Schwaben** ist das territoriale Bild unübersichtlich. Geistliche Herrschaften wie das Hochstift Augsburg, die Fürstabtei Kempten und die Abteien Ottobeuren und St. Ulrich konkurrierten mit den Reichsstädten Augsburg, Nördlingen, Kaufbeuren, Kempten, Lindau, Memmingen.

Daneben gab es in Schwaben ausgedehnte Besitzungen der Habsburger, nämlich die Markgrafschaft Burgau, das sog. Vorderösterreich, der Wittelsbacher und einiger Adelsgeschlechter wie der Grafen von Öttingen, der Herren von Pappenheim, von Rechberg, von Kirchberg oder der Grafen von Montfort. Dazwischen bestanden noch kleine Territorien der ostschwäbischen Ritterschaft.

Strukturen und Institutionen des Alten Reiches hatten in den Territorien Bayerns große Bedeutung. Reichsstände in Bayern waren der Herzog, die Fürstbischöfe und Reichsäbte, die Reichsstädte, die Reichsgrafen sowie einige reichsunmittelbare Herrschaftsträger, die 1648 die volle Landeshoheit erhielten.
Oberste Gremien im Reich waren der Kurfürstenrat, der für Bündnisse, Kriege, Veräußerungen von Reichsland und vor allem für die Wahl des Kaisers zuständig war, und der Reichsfürstenrat, der in eine geistliche und eine weltliche Bank aufgeteilt war.
Zehn Reichskreise fungierten seit 1512 als Selbstverwaltungseinheiten, denen im wesentlichen folgende Funktionen zukamen: Erhebung der Reichssteuern, Aufstellung des Reichsheeres, Regelung des Münzwesens und Wahrung des Landfriedens. Jeder Kreis verfügte über einen Fürsten mit einem oder mehreren Direktoren an der Spitze, über einen Hauptmann, eine Kreiskasse, eine Kreiskanzlei und ein Kreisarchiv. Als Beschlussorgane wirkten Kreisversammlungen oder Kreistage, bei denen alle Kreisstände vertreten waren.
Für das heutige Bayern relevant waren der **Bayerische Reichskreis** mit acht geistlichen (Hochstifte Salzburg, Freising, Regensburg, Passau; Fürstpropstei Berchtesgaden; Reichsklöster St. Emmeram, Niedermünster und Obermünster in Regensburg) und zwölf weltlichen Kreisständen (Herzogtum Bayern; Herzogtum Pfalz-Neuburg; Landgrafschaft Leuchtenberg sowie sieben weiteren Grafschaften und Herrschaften; freie Reichsstadt Regensburg), der **Schwäbische Reichskreis** (bes. Hochstift Augsburg), der besonders gut funktionierte, und der **Fränkische Reichskreis** (Hochstift Bamberg; Markgrafschaft Nürnberg).

Auf Öttingischem Grund ist ein besonders interessantes Zeugnis für die mittelalterliche Gesellschaftsstruktur erhalten.
Das **Fresko im Chor der Stadtpfarrkirche St. Emmeram in Wemding**, einer kleinen Gemeinde im schwäbischen Ries, wurde um 1450 geschaffen. Das Patrozinium der Kirche erinnert an die alte Verbindung zum gleichnamigen Kloster in Regensburg.
Der Ort befand sich zur Zeit der Ausmalung des Chores unter der Herrschaft der Grafen von Öttingen, die ihn 1306 durch Kauf erworben und stark befestigt hatten. Ein von Engeln getragenes Wappen des regierenden Grafengeschlechts krönt deshalb das Fresko, das die **Ständegesellschaft des Spätmittelalters** darstellt.
Im oberen Teil verweist eine Kreuzigungsgruppe auf den Erlösertod des Gottessohnes, der über allen Dingen dieser Welt steht. Das Heilsgeschehen überwölbt und rechtfertigt die irdischen Verhältnisse.

Als gottgegeben und daher weitgehend unveränderbar galt die mittelalterliche Gesellschaftsordnung, die das Fresko zeigt. Jeder der drei Stände hatte eine spezifische Aufgabe zu erfüllen, unterlag aber auch besonderen Gefährdungen: Der Klerus war zum Beten verpflichtet, der Adel hatte Schutz und Schirm zu bieten und der Bauer sollte durch sein Werk die materiellen Grundlagen für alle sichern. Jedem Stand ist zur Verdeutlichung ein Spruchband zugeordnet, das sowohl dessen Aufgabe als auch deren Gegenteil benennt, jeweils getragen

von einem Engel oder einem Teufel. Der geistliche Stand ist durch den Papst verkörpert, dessen Aufgabe mit „Tu supplex ora" (Du bete kniefällig!) umschrieben wird. Nicht zufällig ragt der Kopf des Oberhaupts der Christenheit am deutlichsten in die Ebene des Heilsgeschehens. Ihm steht an der rechten Seite ein Mönch gegenüber, den ein Teufel mit dem Spruchband „Sis otiosus" (Sei müßig!) lockt, vielleicht eine Anspielung auf die zeitgenössische Kritik am Klosterwesen. Tiefer angeordnet, aber deutlich im Mittelpunkt und größer als alle anderen Figuren, ist der oberste Repräsentant des Adels, der Kaiser, der mit Schwert, Reichsapfel und Krone ausgestattet ist. Ihn mahnt der Engel „Tu protege" (Gewähre Schutz!), der Teufel dagegen rät ihm „Sis raptor" (Sei raffgierig!). Im unteren Teil wird der Bauernstand angesprochen. Ein Pferdegespann zieht den Pflug, den ein Engel führt. Dazu heißt es: „Tuque labora" (Und du arbeite!) und „Sis infidelis" (Sei ungläubig!).

Das Fresko ist mit dieser Ständelehre ein eindrucksvolles Bildzeugnis für das gesellschaftliche Selbstverständnis des Spätmittelalters für die Geschlossenheit und klare Abstufung des gesellschaftlichen Kosmos. Dass der Kaiser so deutlich herausgehoben ist und die dominierende Stellung auf dem Bild einnimmt, dürfte kein Zufall sein. Der Auftraggeber war vermutlich ein Graf von Öttingen, der immerhin dem Reichsfürstenstand angehörte und damit engen Bezug zum obersten Repräsentanten des Reiches hatte.

Wenige Jahre nach der Ausmalung des Chores verkauften die Öttinger Grafen Wemding an die Reichen Herzöge von Bayern-Landshut, die es mit einem Pfleggericht ausstatteten. Nach der Reformation wurde die Exklave zu einem Vorposten der bayerischen Konfessionspolitik, in der im 17. Jahrhundert die härtesten Hexenverfolgungen im damaligen Bayern stattfanden.

6 Metropolen an der Schwelle zur Neuzeit

Der Blick auf das Städtewesen an der Schwelle zur Neuzeit ergibt ein so buntes Bild, dass eine Systematisierung kaum möglich scheint. Dennoch kann man Städtelandschaften erkennen, eine besonders dichte und lebendige etwa in Franken, und Stadttypen unterscheiden.
Landstädte, manchmal auch größere Märkte verfügten über Stadtrecht, Stadtbürgertum und Stadtorgane.
Residenzstädte wie München und Landshut, Neuburg an der Donau oder Coburg hatten eine zentrale Funktion im Territorium der Fürsten. Sie waren um die herrschaftliche Burg herum entstanden und blieben von dieser Gründung des Stadtherrn oft weiterhin optisch dominiert. Herausgehobene Funktionen kamen ihnen im jeweiligen Land zu.
Einen besonderen Typus stellten die **Bischofsstädte** dar, die zugleich Zentren der geistlichen Territorien, der Hochstifte, waren.
Unmittelbar dem König unterstellt waren die **Reichsstädte**, die damit einen besonderen Status hatten. Vor allem in Franken und Schwaben hatten sie eine herausragende Bedeutung.

Um 1500 befand sich **Nürnberg** auf dem Höhepunkt seiner Entwicklung.
Die einst bedeutendste deutsche Königsstadt war nun auch internationale Kaufmannsstadt, europäischer Geldmarkt und ein Zentrum der Eisenverarbeitung in Mitteleuropa geworden.
Mit 52 000 Einwohnern und einer ungebremsten Bevölkerungsexpansion hatte es bereits Probleme der Überbevölkerung zu lösen. Die vermögende Oberschicht bestand aus dem Patriziat und den aus dem Handwerkerstand aufgestiegenen „Ehrbaren". Daneben gab es eine aus zahlreichen Familien zusammengesetzte handwerkliche und kaufmännische Mittelschicht. Lohnabhängig und meist ohne Bürgerrecht war etwa ein Drittel der Bevölkerung. Allerdings waren in Nürnberg Fürsorge und Sozialhilfe außergewöhnlich gut entwickelt, so dass nur geringe soziale Spannungen auftraten. Hoch entwickelt waren Musik- und Literaturpflege sowie das Buch- und Kartenwesen. Das Kunsthandwerk, etwa Goldschmiede oder Metallguss, blühte. Als Zentrum des Humanismus ragte die Stadt mit Persönlichkeiten wie Willibald Pirckheimer hervor. Mit Albrecht Dürer erreichte sie einen Gipfelpunkt deutscher und europäischer Kunst.

Die nebenstehende **Ansicht Nürnbergs vom Südosten** aus dem sog. Haller-Buch zeigt den doppelten, turmreichen Mauerring und das Gewirr der Giebeldächer. Die beiden Hauptkirchen, St. Lorenz und St. Sebald sind bezeichnet und von ihrem wirklichen Standort versetzt wiedergegeben, um ihre Bedeutung hervorzuheben.
Den Zugang zur Stadt öffnet das im Vordergrund erkennbare, mit dem Nürnberger Wappen geschmückte Frauentor mit seinem Vor- und Haupttor und dem vorgelagerten Zollhäuschen. Im Vorfeld der Stadt sind die Martersäule und der Rabenstein, ein aufgemauerter Richtplatz als Zeichen reichsstädtischer Gerichtsbarkeit, erkennbar. Rechts unten wird das Bild abgeschlossen von der Hadermühle am Einfluss der Pegnitz, eine der wichtigen Nürnberger Mühlenanlagen, die auch die erste Papiermühle auf deutschem Boden beherbergte.

Zu sehen sind weitere Tortürme der Stadt mit ihren Scharwachttürmen: das Spittlertor links und das Laufertor rechts am Bildrand. Auch die zu einer früheren Stadtbefestigung im Stadtinneren gehörenden Tore sind abgebildet: Die Burganlage mit Palas, Burgkapelle, Heiden- und Sinwellturm, dazu Margaretenkapelle, Fünfeckturm und Luginsland ist naturgetreu dargestellt und überragt alles.

Konrad Haller, ein Nürnberger Patrizier, hat dieses „centrum quasi europae", wie Nürnberg von den Zeitgenossen genannt wurde, eindrucksvoll ins Bild gebracht (1533-1536). Hartmann Schedels Weltchronik hat dabei als Vorbild gedient. In dem nach ihm benannten „Haller-Buch", einer der kostbarsten Handschriften des Staatsarchivs Nürnberg, sind insgesamt 219 ratsfähige Geschlechter, besonders die seit 1350 im Kleinen Rat vertretenen, mit Genealogien und Wappen aufgeführt.

Das Stadtregiment Nürnbergs in dieser Zeit war ein ausgeklügeltes Herrschaftssystem, in das die unterschiedlichen Gruppierungen fein austariert eingebunden wurden. Dabei spielten Alter des jeweiligen Geschlechts, Ansehen der Persönlichkeiten und wirtschaftlicher Erfolg der Familie eine ausschlaggebende Rolle für die Teilhabe an den Entscheidungen des Rats der Stadt.

Eine **Liste mit der Aufstellung des Ratsganges von 1424/25** kann dies verdeutlichen: Sie nennt im oberen Bereich fünf „electores", die über die Zusammensetzung des künftigen Kleinen Rats zu entscheiden hatten; drei der Mitglieder stammten aus besonders angesehenen Geschlechtern, zwei aus dem vorher amtierenden Rat.

Dieser Kleine Rat bestand aus zwei Gruppen mit jeweils 13 Angehörigen, den „Consules", den Bürgermeistern (links), und den „Scabini", den Schöffen (rechts), als den Inhabern der Gerichtshoheit. Jeder der Bürgermeister und Schöffen führte jeweils für vier Wochen die Amtsgeschäfte, so dass innerhalb eines Jahres 13 Mal ein Wechsel stattfand. In der linken Spalte sind unten zusätzlich acht Namen von Handwerksmeistern genannt, die mit dieser Nennung ebenfalls in das Gremium aufgenommen wurden. Seit 1370 hatte man dieses Verfahren zusätzlich gewählt, um den Zünften und der Bürgerschaft der Stadt entgegenzukommen und sie auch an der Stadtregierung zu beteiligen.

Die um 1500 sicherlich bedeutendste Residenzstadt der Wittelsbacher war **Landshut**. Der **Kupferstich** zeigt Landshut um die Mitte des 17. Jahrhunderts. Der Martinsturm, Zeichen bürgerlichen Selbstbewusstseins, überragt alles. Zwischen den beiden Isarbrücken befindet sich die Vorstadt mit der Spitalkirche, dahinter – innerhalb der Stadtmauer – die Dominikanerkirche und das Rathaus. Neben dem Martinsturm steht die später abgerissene Kirche des Franziskanerklosters. Über der Stadt erhebt sich die Burg Trausnitz. Rechts schließt sich die Vorstadt Gries mit dem Leprosenhaus an, dahinter liegen die Weinberge um Achdorf. Die Gründung Landshuts im Jahre 1204 bildete den Auftakt zur erfolgreichen wittelsbachisch-bayerischen Stadtpolitik, mit der die Urbanisierung des Herzogtums begann und die zugleich einen zentralen Bestandteil wittelsbachischer Territorialpolitik darstellte. Landshut entwickelte sich zur landesfürstlichen Residenz- und Bürgerstadt und wurde zum Haupt- und Zentralort des bayerischen Unterlandes, „das repräsentative Kleinod bayerischer Urbanität wittelsbachischer Provenienz", wie der Historiker Karl Bosl es genannt hat.
Insgesamt waren die Städte Räume des gesellschaftlichen und wirtschaftlichen Aufstiegs des Bürgertums, das sich durch die bürgerliche Freiheit von den alten Herrschaftsträgern, König, Adel und Kirche, emanzipierte und zum Dritten Stand entwickelte. In den Städten entstanden neue Wirtschaftsmethoden und eine unfeudale Wirtschaftsgesinnung. Sie beförderten den Fortschritt in Wirtschaft und Gesellschaft und wurden Zentren der Kultur. Internationale Großstädte wie Regensburg, Augsburg und Nürnberg stellten eine eigene Klasse dar.

An Bedeutung weit übertroffen wurde Landshut allerdings von der **Reichs- und Bischofsstadt Augsburg**, deren Ursprünge bis weit in die Römerzeit zurückreichen. Augsburg war um 1500 eine europäische Metropole des Frühkapitalismus, in der extreme Prosperität und drückende Armut nebeneinander bestanden. Unangefochten war die Herrschaft der Geschlechter des Patriziats. Ein Mitspracherecht erlangten aber bereits die in den Zünften organisierten Handwerker, die sogenannten „Mehrer".
Die großbürgerliche Oberschicht, eine Art „politische Aristokratie", war verantwortlich für den Aufschwung von Handel und Gewerbe im 15. und 16. Jahrhundert. Augsburg verzeichnete zwischen 1512 und 1554 ein Bevölkerungswachstum von 21 000 auf 30 000 Personen. Die Masse der Handwerker dagegen kämpfte um ihre Existenz. 1475 betrug der Anteil der „Habnits", der Besitzlosen, zwei Drittel der Bevölkerung, weil die vorher breite Mittelschicht weggeschrumpft war.

Das Bild, meist als **Augsburger Geschlechtertanz** bezeichnet, zeigt einen festlichen Kreis von tanzenden Paaren, die in der Mode ihrer Zeit gekleidet sind. „Nach christy gepurt 1500 jar was dise claidung zu augspurg, das ist war", lautet die Bildbeschriftung. Vermutlich traten die Augsburger Bürgerpaare, die zum Teil auch mit Namen bezeichnet sind, zu Ehren der Gattin Kaiser Maximilians I. im Tanzhaus auf dem Weinmarkt auf. Der hohe Gast selbst ist vermutlich inmitten einer Personengruppe im Bild hinten rechts. Von den 16 namentlich bezeichneten Personen gehörte der Großteil noch zu den Mehrern, die formal erst 1538 in das Patriziat aufrückten, in der gesellschaftlichen Bedeutung aber offensichtlich bereits gleichen Rang erreicht hatten. Im Hintergrund sitzt auf einer Empore die Musikkapelle, die mit Pfeifen, Dudelsäcken,Trommeln und Posaunen die Tänzer begleitet. Darüber prangt in der Mitte das Reichswappen, an das sich auf beiden Seiten zunächst die Wappen der Kurfürsten und anschließend bedeutender Augsburger Familien reihen.
Neben diesem ältesten Tanzbild sind uns noch drei weitere, vergleichbare Bilder erhalten, die zurecht als bedeutende Zeugnisse bürgerlicher Selbstdarstellung in der frühen Neuzeit gelten. Geschlechtertänze – der erste fand bereits 1305 zu Ehren König Albrechts I. statt – waren stets hochrangige gesellschaftliche Ereignisse. Dabei verbanden sich unterschiedliche Ziele zwanglos miteinander: etwa die Präsentation der neuesten Mode mit geselliger Unterhaltung oder Tanz mit Turnieren und Banketten.
So lässt das Bild vom Augsburger Geschlechtertanz Wohlhabenheit und Festesfreudigkeit, Prunkbedürfnis und Selbstbewusstsein des arrivierten Bürgertums dieser Zeit erkennen und zeigt die bürgerliche Führungsschicht, ihre Lebenswelt und ihre gesellschaftlichen Ansprüche.

Eine Augsburger Ausnahmefamilie in jeder Hinsicht waren die **Fugger**, die als Weber begannen, dann Kaufleute wurden und schließlich als Bergbauunternehmer und Finanzmagnaten Karriere machten.
Der bedeutendste Vertreter dieses Geschlechts war **Jakob Fugger der Reiche** (s. S. 68).

1459 als vorletztes von elf Kindern im Stammhaus am Judenberg in Augsburg geboren, verzichtete Jakob auf die geistliche Laufbahn und absolvierte eine kaufmännische Lehrzeit, unter anderem in Venedig und Rom. 1485 übernahm er die Leitung der Innsbrucker Fugger-Niederlassung. Knapp zehn Jahre später schloss er mit seinen beiden älteren Brüdern Georg und Ulrich den ersten Fuggerschen Gesellschaftsvertrag. Durch Orienthandel, Silber- und Kupferbergbau in den von den Habsburgern verpfändeten Minen und durch Bankgeschäfte wurde dieses Konsortium bald zu einer der größten internationalen Finanzbanken und einem der aktivsten Handelshäuser Europas. Ab 1510 führte Jakob das Unternehmen schließlich allein und mit so großem Erfolg, dass man ihm den Beinamen „der Reiche" gab, der ansonsten nur Königen und Fürsten zukam.

Ein **Brustporträt** in der Staatsgalerie Augsburg zeigt den großen Handelsherrn und Bankier im blauschwarzen Samtrock mit Seidenkragen und einer venezianischen Goldhaube. Es dürfte auf der lebensgroßen Porträtzeichnung Dürers beruhen, die dieser während des Augsburger Reichstages 1518 gefertigt hat. Dieses wohl persönlichste Bildnis des sechzigjährigen Jakob Fugger zeigt markante und harte Gesichtszüge, die Tatkraft und Entschlossenheit verraten.

„Es gab beinahe nichts, was diesem Fugger unmöglich schien. In seinen Schatztruhen verwahrte er Juwelen des letzten Burgunderherzogs ... Gespräche liefen bezüglich des Ankaufs eines Stirnschmucks ägyptischer Großer, die ihren Turban damit zierten. Alles fand irgendwie seinen Weg zu Jakob Fugger. Selbst die päpstlichen Unterhändler, deren Wünschen der mächtige Mann ebenso entsprach wie zahllosen Gesuchen Kaiser Maximilians oder den Hilferufen der vom Islam umbrandeten balkanischen Majestäten. Als erste Schweizer Garden 1506 den Weg nach Rom antraten, standen sie unbewusst im Solde Jakobs. Die Kurie Julius II. wusste, welch kostbaren Bundesgenossen sie in Augsburg hatte." So beschreibt der Historiker Götz Freiherr von Pölnitz diesen berühmten Augsburger Patrizier. In der Tat waren das Wappen mit den goldenen Lilien und die Fuggersche Handelsmarke, die Dreizack und Ring aufwies, zu dieser Zeit die bestbekannten Symbole der oberdeutschen Wirtschaft quer durch Europa.

Als Finanzier Kaiser Maximilians I. wurde Jakob Fugger von diesem 1514 in den Reichsgrafenstand erhoben. Der Fuggersche Stadtpalast am Augsburger Weinmarktdiente bei den zahlreichen Reichstagen, die im 16. Jahrhundert in der Reichsstadt stattfanden, Königen und Fürsten als Aufenthalt. Auch der erfolglose Disput Martin Luthers mit Kardinallegat Cajetan fand 1518 im Fuggerhaus statt. 1509 ließ Jakob Fugger die Grabkapelle bei St. Anna (Fugger-Kapelle) errichten, an deren Ausstattung Albrecht Dürer beteiligt war. In den Jahren 1516/19 entstand unter seiner Ägide die älteste weltliche Sozialsiedlung, die „Fuggerei", in der Jakobervorstadt mit 67 Häusern und 147 Wohnungen.
Als Jakob Fuggeram 30. Dezember 1525 verstarb, hatte er durch hohes Arbeitsethos und effizientes Unternehmertum das Fuggersche Handels- und Bankimperium geschaffen. Nicht zu unrecht gilt er bis heute als der Prototyp einer individuellen und rational agierenden Unternehmerpersönlichkeit des frühkapitalistischen Zeitalters.

Bei der Wahl Karls V. als Nachfolger für Maximilian I. liefen alle Fäden bei den Fuggern zusammen. Die **Wahlkostenrechnung von 1519** ist ein bemerkenswertes Dokument der Abhängigkeit des Königtums von den großen patrizischen Bankhäusern Augsburgs. Aus der kaiserlichen Kanzlei gelangte diese Aufstellung in die Hände des Augsburger Stadtschreibers und Humanisten Konrad Peutinger, der eine Abschrift anfertigen ließ und so den Vorgang für uns überlieferte. Akribisch sind die Summen aufgeführt, die, durch Wechselbriefe abgesichert, an den König gingen. Sie dienten der Bestechung der Kurfürsten, ohne deren Stimme Karl nicht zum König gewählt werden konnte. Für die Fugger lohnte sich die Unternehmung, weil sie künftig über einen guten Draht zum König verfügten und außerdem mit den spanischen Minen in Almaden ein gutes Geschäft machten.

> Empfang, So von wögen der Römischen vnd Hispanischen kunigklichen Mayestatt &c. auff seiner ko. mtt. Commissarien vnd gwalthaber verordnung vnd Beuelch in Handlung der Election geschechen ist. Anno. im 1519ten.
>
> Von Jacoben Fugger
> Am ersten auff ainen wexselbrieff in ainer Summa in mintz — fl 90000 kr –.
>
> Zum andern auff ainen wexselbrieff in mintz — fl 220000 " –.
> Züm dritten abermals auf ainen wexselbrieff in mintz — fl 80000 " –.
>
> Noch auff der herren Comyssarien vnd Gwaltthaber Handlung gegebne obligationn in mintz — fl 100000 " –.
>
> Mer so hatt gemeltter Jacob Fugger zuo gantzer bezallong der dreyundneuntzig taussentt fünfhundertt fünfundachtzig guldin Reinisch vierunddreissig kreutzer, so er nach der kay: mt. hochloblischer Gedechtnus, abröd und vertrags für vnd vmb die fünfundsibentzig tausendtt Cronen, auff hern Johan de Courteville wechselbrieff, vber viertzig taussendtt guldin Reinisch, so er daran auf gemellts Courteville bewilligung bezaltt hatt, noch verrechnet und bezaltt, So allhie in Emphang vnd Einemen komen, nemlichen in gold. — fl 53585 " 34.
>
> Summa alles emphangs von Jacob Fugger
> fl 543585 kr 34.

Zwischen 1590 und 1630 erhielt die Reichsstadt Augsburg ein neues Gesicht, sie wurde das „Pompeji der deutschen Renaissance". Wahrzeichen der Stadt sind seither der Perlach und das Rathaus, beides Meisterwerke des bedeutendsten Architekten seiner Zeit, des Stadtwerkmeisters **Elias Holl**. Sein Hauptwerk wurde das **mächtige Rathaus**, einer der bedeutendsten Profanbauten der europäischen Renaissance. Keine andere deutsche Reichsstadt konnte sich damals einen Rathausbau leisten, der dem Augsburgs an Größe und Kostbarkeit der Ausstattung auch nur annähernd gleichgekommen wäre.

Der **Kupferstich aus dem Jahr 1619** zeigt diesen außergewöhnlichen Bau, der in seinem Giebelfeld den Reichsadler trägt. Daneben erinnern zwei Figuren – Rhaetus, Namengeber der Provinz Raetien, und Drusus, Eroberer des Alpenvorlandes – an die römischen Wurzeln der Stadt. Oben halten Putten links das Reichswappen, rechts das Stadtwappen, in der Mitte finden sich die Wappen der beiden Stadtpfleger als der obersten Repräsentanten der Stadt. Inschriften nennen Örtlichkeit, Baubeginn und- abschluss und die beteiligten Personen. In der Mitte steht ein Sinnspruch zur Regierungsweisheit in der Gemeinde, der in freier Übersetzung lautet: Wenn die Regierung der Gemeinde nicht wachsam lenkend das Volk führen kann, ist auch der Staat nicht in der Lage festen Fuß zu fassen.

Die Kartuschen am unteren Blattrand besagen, dass der Kupferstecher Lukas Kilian den Stich der Stadtregierung widmet und nennen den Stadtbaumeister Elias Holl ebenso wie den aus Bayern stammenden Stadtmaler Matthias Kager. Am oberen Rand des Blattes steht das Motto „VIVAT VINCAT FLOREAT CRESCAT", der Wunsch an die Stadt, sie möge leben, siegen, blühen und wachsen.

Mit diesem Rathaus, das zusätzlich mit mächtigen Türmen bekrönt wurde, demonstrierte das reiche Patriziat seinen Anspruch auf eine Zentralfunktion im Reich und sein aristokratisches Selbstverständnis.

Es war aber nicht nur Ausdruck reichsstädtischen Selbstbewusstseins. Das Bauprogramm stellte zugleich ein Stück Sozialpolitik dar. Denn die Projekte sollten arbeitslosen Handwerkern und Taglöhnern Beschäftigung geben. Das Rathaus zeugt von einer städtischen Gesellschaft am Vorabend des Dreißigjährigen Kriegs und vom Versuch, in einer schwierigen Lage Macht zu inszenieren und einem Gemeinwesen Identität zu geben. Es zeugt zugleich von einer letzten Blüte späthumanistischer Gelehrsamkeit und von virtuoser Handwerkskunst.

6

VIVAT . VINCAT
CVRIA . SENAT. INCLYTAE REIPVB. AVGVST. VINDELIC
CVM. VICINA. TVRRI. VVLGO PERLEG. IN. FORO. PISCAR
STRVI COEPTA AN. DOM. M.DC.XV
IMP. CAES. MATTHIA. AVG
ABSOLVTA AN. DOM. M.DC.XIX
IMP. CAES. FERDINAND. II. AVG
FLOREAT . CRESCAT
IOHAN. IACOB. REMIOLD. HIERON. IM. HOF
S. CAE. M. CONSILIAR
CVRATORI REIP. DVVMVIR
NOBILIS. AMPLISS
PRVDENTIS. FELICISS
CONSTANT. IM. HOF
IOH. BART. WELSER
WOLFGANG. PALLER
AEDIL. REIP.
NOBIL.
MDCXIX
ELIAS HOLL AVGVSTANVS
CONSTRVXIT
MATTHIAS KAGER BOIVS
DELINEAVIT

Regensburg, Reichs-, Bischofs-, Herzogs- und alte Römerstadt, war vom 9. bis zum 14. Jahrhundert auch die **erste internationale Großstadt** und Zentrale von Handel und Verkehr für den süd- und südosteuropäischen Raum zwischen Venedig und dem Norden, zwischen Verdun – Wien – Budapest – Prag und Kiew.
Die im Donau- und Russlandhandel tätigen jüdischen Fernhändler trugen zum frühen wirtschaftlichen Aufschwung der Stadt bei. Sie brachten begehrte Luxusgüter an die Höfe der Vermögenden: Pelze, Pferde, Wachs und Metalle. Der gute Kontakt zu Kaiser und Herzog brachte ihnen Handelsprivilegien ein, die Geldleihe wurde bald zu ihrer wichtigsten Einnahmequelle.
Im 15. Jahrhundert aber befand sich die Stadt bereits im Abstieg und in einer Epoche sozialer Proteste. Der Handel verlagerte sich in andere Räume, führende Geschlechter wanderten ab. Die Bevölkerung ging von 50 000 im 13. Jahrhundert auf 10000 bis 12000 zurück. Die städtische Unterschicht rebellierte im Bündnis mit den Handwerkern gegen eine Führungsschicht von reichen Transportunternehmern, Wein- und Eisenhändlern sowie einflussreichen Künstlern wie Albrecht Altdorfer.

Altdorfer, der berühmte Meister der sog. Donauschule, hat uns die **Regensburger Synagoge** in einer detailgenauen Radierung kurz vor ihrer Zerstörung überliefert. Auf einer Inschrift am oberen Bildrand ist zu lesen: „Im Jahre des Herrn 1519. Die Jüdische Synagoge zu Regensburg ist durch Gottes gerechten Urteilsspruch zerstört worden."
Nach urkundlicher Überlieferung entstand die Synagoge im Jahre 1255. Sie befand sich im Zentrum des mittelalterlichen Judenviertels und bot etwa 300 Personen Platz.
In Regensburg lebten seit dem 10. Jahrhundert Juden, meist als wohlhabende Fernhändler. Im 11. und 12. Jahrhundert entwickelte sich die jüdische Gemeinde zu einem geistigen Zentrum des europäischen Judentums. Berühmte Rabbiner sprachen hier Recht und legten den Talmud aus. In der Talmudschule unterrichteten große Gelehrte der Zeit und verbreiteten den Ruhm der Stadt. Ephraim der Große aus Regensburg war in der gesamten jüdischen Welt bekannt; das Buch über die Weltreise des Rabbi Petachja fand viele Leser.
Das Zusammenleben zwischen Christen und Juden verlief jedoch auch in Regensburg nicht störungsfrei. Schon 1096 wurden im Zusammenhang mit dem ersten Kreuzzugalle Gemeindemitglieder zwangsgetauft. Obwohl die Juden als Geldleiher und Händler für die mittelalterliche Gesellschaft unverzichtbar waren, verschärfte vor allem der kirchliche Einfluss die Konflikte erheblich. Im 13. Jahrhundert hat vor allem der Prediger Berthold von Regensburg die Stimmung gegen die Juden angeheizt. Trotz aller kaiserlichen Privilegien wurde deren Situation damit immer schwieriger, wenngleich große Pogrome nicht stattfanden. Vom diffamierenden Geist der Zeit „spricht" bis heute die „Judensau" am Dom, mit der das jüdische Speisegesetz verspottet wurde, das den Genuss von Schweinefleisch verbot.

Seit 1470 wurde auch in Regensburg mit Nachdruck versucht, die Juden aus der Stadt zu vertreiben, durch antijüdische Demonstrationen, üble Fastnachtstreiben, Ritualmordlügen und antijüdische Hetzparolen. Das Handwerkerproletariat und der niedere Klerus, verstärkt durch Wanderprediger, waren die wichtigsten Akteure. Am 21. Februar 1519 beschloss der Stadtrat auf Antrag der Handwerker die Vertreibung der Juden aus der Stadt. Eine Ratskommission brachte die Urkunde ins Ghetto. Die knappe Frist von zwei Stunden für den Abbruch der Synagoge wurde um 24 Stunden verlängert, damit Albrecht Altdorfer seine beiden Radierungen noch anfertigen konnte. Er ist damit Zeuge dieses Pogroms geworden und hat ein beeindruckendes Erinnerungsblatt hinterlassen.

Die uralte Judengemeinde zu Regensburg aber ist in den stürmischen und schneereichen Spätwintertagen des Jahres 1519 untergegangen. Mit ihrer Zerstörung endete auch die Geschichte einer der bedeutendsten jüdischen Gemeinden Bayerns.

7 Neue Welt und rechter Glaube

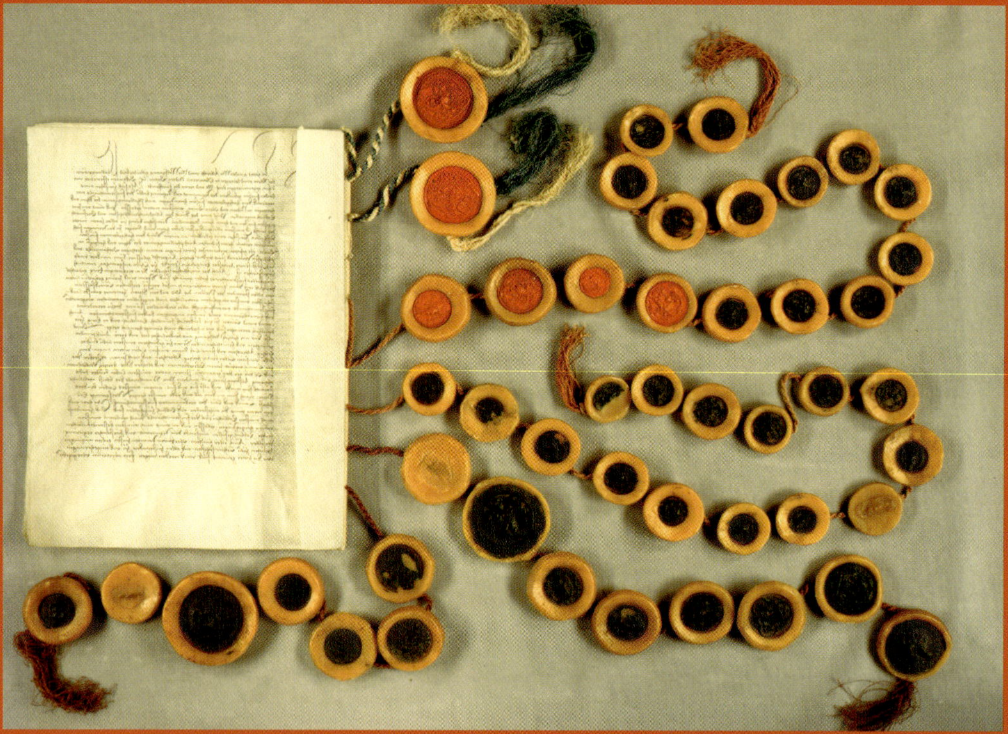

Nach dem Landshuter Erbfolgekrieg wurden unter Albrecht IV. Herzog von Bayern-München, die ober- und niederbayerischen Territorien wieder vereinigt. Mit der Primogeniturordnung sicherte Albrecht IV. 1506 das Ergebnis rechtlich ab.
Das Zeitalter der bayerischen Teilungen war damit – bis auf ein kurzes Zwischenspiel in der Folgegeneration – beendet.

Die **Bayerische Primogeniturordnung von 1506** (s. nebenstehende Abb.): In dieser mit 64 Vertretern der Landstände ausgehandelten Vereinbarung war festgelegt, dass das künftig unteilbare Herzogtum allein von Albrecht und seinen Nachfahren regiert werde. Zugleich wurde verfügt, dass von nun an die Herrschaft auf den jeweils ältesten Sohn übergehe.

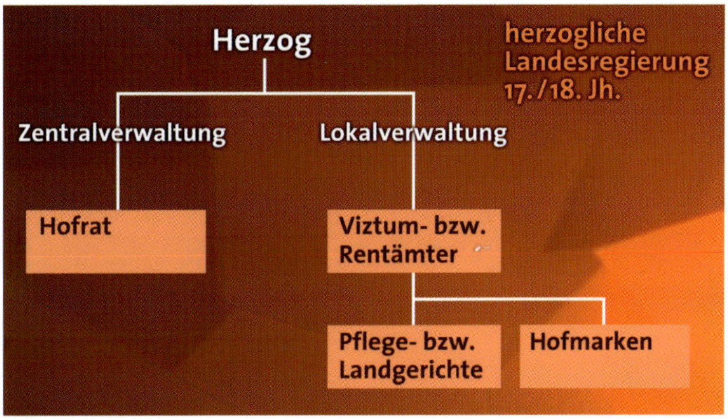

Für die Landeseinheit galt es nun, die Landesverwaltungen zusammenzuführen. Ein besonderes Interesse daran zeigten die Stände, die sich bereits 1508 die landständischen Freiheiten für einen gemeinsamen Landtag bestätigen ließen.
Der Konsolidierung und Intensivierung der **Landesherrschaft** galt daher nun das Hauptaugenmerk des Regenten, bei dem alle drei Gewalten vereinigt waren.
Das **Schaubild** zeigt die Dreigliedrigkeit von Verwaltung, Justiz und Finanzwesen in Zentral- und Lokalverwaltung, in Mittel- und in Unterbehörden. Die Finanzverwaltung teilten sich Landesherr und Stände. Die Militärhoheit lag beim Landesherrn, auch die staatliche Kirchenhoheit war dem Fürsten vorbehalten. Herrschaftsbezirke eigenen Rechts dagegen waren die Hofmarken des Adels und der Klöster, wo der Landesherr nur über die Hochgerichtsbarkeit Zugriffsmöglichkeiten hatte.
Im Gegenzug verfestigte sich das **Ständewesen**, das den fürstlichen Machtanspruch einschränkte.

DIE WAPEN DER CLOSTER PROBST.
VND STIFT IN BAIRN · 86

Ein besonders eindrucksvolles Beispiel für die Festschreibung ständischer Strukturen ist das nebenstehende prachtvolle **Blatt**, das **Hofmaler Hans Mielich** für Herzog Albrecht V. 1563/64 anfertigte. Es ziert als dritte Miniaturenseite den ersten Bandder „Bußpsalmen" des großen Renaissancekomponisten Orlando di Lasso.
Das Blatt trägt den Titel „INSIGNIA DOMUS BAVARIAE", „Wappenzeichen des Hauses Bayern". Es zeigt einen Überblick über die in der bayerischen „Landschaft" versammelten Landstände: Im oberen Teil sind die landständischen Klöster, Propsteien und Stifte aufgeführt. Ihre Äbte und Pröpste waren mit Herrschafts- und Gerichtsrechten ausgestattet, die ab 1500 auch in den Hofmarken galten. Dieser **Prälatenstand** kam fast ausnahmslos aus den Klöstern der Benediktiner, Zisterzienser und Prämonstratenser und aus den Stiften der Augustinerchorherren. Im Zentrum der Tafel steht das Großwappen des **Herzogtums** mit den niederbayerischen Rauten und dem Pfälzer Löwen. Ringsum gruppieren sich die Wappen der **freien Städte und der Märkte** – besonders herausgehoben die Haupt- und Residenzstadt München mit dem Mönch. Der Landschaft gehörten alle Städte und Märkte mit qualifizierten Rechten, insbesondere der Niedergerichtsbarkeit, an.

Die führende soziale Schicht im Herzogtum war der **hohe und niedere Adel**, waren Grafen, Freiherrn und Herren. Die insgesamt etwa 600 Familien saßen überwiegend auf ihren Schlössern inmitten der Bauern, deren Grundherren sie waren. Kennzeichen des Adels war Herrschaft über Land und Leute. Er lebte von den Diensten und Abgaben seiner bäuerlichen Grunduntertanen und besaß eine Reihe von Privilegien, die in der „Erklärten Landesfreiheit" von 1508 verfassungsrechtlich gesichert waren.
Hiermit verband sich eine Reihe persönlicher Vorrechte, vor allem die niedere Gerichtsbarkeit in den geschlossenen Grundherrschaftsbezirken, den sogenannten Hofmarken, und durch die Verleihung der Edelmannsfreiheit im Jahre 1557 auch auf verstreuten Gütern. Dazu kamen das Jagdrecht, das Recht der Siegelführung, der privilegierte Gerichtsstand, die Bevorzugung bei der Besetzung von Staats- und Hofstellen und nicht zuletzt eine weitgehende Befreiung von Steuern.
Im 16. Jahrhundert allerdings veränderte sich die Stellung des bayerischen Adels zunehmend. In seinen landständischen Rechten wurde er mehr und mehr vom frühabsolutistischen Fürstentum entmachtet. Gleichzeitig begaben sich, veranlasst durch veränderte soziale und ökonomische Bedingungen, immer mehr Adelige in den Fürstendienst oder verbanden sich durch Heirat mit dem wohlhabenden patrizischen Bürgertum der Städte. Daneben bildete sich eine Schicht neuen Adels aus nobilitierten bürgerlichen Beamten, die aufgrund von Bildung und vor allem juristischer Kenntnisse in hohe Staatsstellungen gelangt waren.

Mielichs Miniaturmalerei ist sicher eines der buntesten und sprechendsten Bildzeugnisse für den **bayerischen Ständestaat**. Nahezu fünf Jahrhunderte lang war diese Herrschafts- und Gesellschaftsform für Land und Leute bestimmend. Geistlichkeit, Adel und Bürgertum waren in der Landschaft, der Repräsentation des Landes gegenüber dem Fürsten, vertreten. Gemeinsam setzten sie sich auf den **Landtagen** für die Interessen des Landes ein. Sie bewilligten Steuern und beschwerten sich beim Landesherrn über Missstände. Die Landschaft besaß auch eine eigene Steuerverwaltung und hob selbst Steuern ein.
So waren die Stände zwischen dem Spätmittelalter und dem Absolutismus eine durchaus einflussreiche Institution, auf die auch die Landesherren Rücksicht zu nehmen hatten.
Erst im 17. Jahrhundert schwand ihr Einfluss; 1699 fand der letzte Landtag statt, danach bestand nur noch die sogenannte **Landschaftsverordnung**, ein Ausschuss des Landtags.
Im 18. Jahrhundert verhinderte sie immerhin die Pläne Karl Theodors, der Bayern an die Habsburger abgeben und dafür die Niederlande eintauschen wollte.

„Welterfahrung" und Geschäftssinn zeigten bayerische Bürger schon bald, als es galt, die neue Welt zu entdecken und für die eigenen Interessen zu nutzen. Die erste deutsche Indienexpedition, an der sich unter Führung des Augsburger Handelshauses der **Welser** auch die Fugger und andere oberdeutsche Kaufleute beteiligten, wurde im Jahre 1505 von Lissabon aus gestartet.
Nach der glücklichen Rückkehr der Schiffe im November 1506 verfasste der Bevollmächtigte des deutschen Handelskonsortiums, Balthasar Sprenger, einen knappen Reisebericht, der mit **Holzschnitten von Hans Burgkmair** illustriert war. Er erschien 1508 und fand so viel Interesse, dass schon 1511 eine zweite Auflage gedruckt wurde.
Burgkmairs Darstellungen indischer Eingeborener waren von solcher Lebendigkeit und Realitätsnähe, dass ihm neben Sprengers Text auch bildliche Vorlagen zur Verfügung gestanden haben müssen. Vermutlich hat ihm Sprenger auch Waffen, Kleidungsstücke und Gebrauchsgegenstände zur Präzisierung seiner Vorstellungen angeboten. Von den heute sehr seltenen Holzschnitten Burgkmairs tragen nur die ersten vier den Text Sprengers, wobei die ersten drei wohl als zusammenhängender Fries konzipiert waren, der insgesamt eine Länge von zwei Metern ergab und in fünf Gruppen gegliedert war.
Hier sehen wir eine figurenreiche und bewegte Szene mit Indern und Hottentotten: Unter zwei Bäumen, an einem lehnt unten ein Schild, im anderen sitzt oben ein Äffchen, spielt sich in dem Bildausschnitt das Leben der Eingeborenen ab. Links füttert ein Mädchen einen Papagei, daneben schäkert ein Mann ziemlich handgreiflich mit einer Frau, eine andere sieht belustigt zu. Rechts davon ist eine weiter Gruppe aus zwei Frauen, einem Kind und einer Ziege zu erkennen.

Die Verbreitung und Beliebtheit der Folge, die zu den ersten deutschen ethnographischen Dokumenten zählt, bezeugen die zahlreichen Kopien. Im gleichen Jahr 1508 erschien bereits die erste in Antwerpen, 1509 und 1511 folgten Nachschnitte in Nürnberg und wenig später wurde die Folge auch in Italien kopiert. Mit dieser begehrten Publikation war die neue Welt auch bildlich in Bayern angekommen. Wie ein Blick ins „irdische Paradies" mutet sie an, als das die Zeitgenossen Indien gerne bezeichnet haben.

Mit den Herzögen **Wilhelm IV.** und **Albrecht V.** hatte Bayern im 16. Jahrhundert zwei starke Herrscher, die mit den Folgen der Reformation konfrontiert waren und Bayern deutlich auf der katholischen Seite positionierten.
Der Sohn Albrechts V., **Wilhelm V., der Fromme,** steigerte diese Rolle Bayerns als katholische Vormacht, musste aber 1598 wegen der wachsenden Staatsverschuldung zugunsten seines Sohnes **Maximilian** zurücktreten.

Maximilian war ohne Frage eine der größten Herrschergestalten jener Zeit und neben Kaiser Ludwig dem Bayern und König Ludwig I. sicher die bedeutendste aus der Galerie der Wittelsbacher. Nach einem Studium der Rechte in Ingolstadt wurde er 1594 im Alter von 21 Jahren von seinem Vater als Mitregent aufgenommen. 1595 heiratete er die lothringische Prinzessin Elisabeth Renate; 1598 übernahm er nach der Abdankung seines Vaters wegen drohenden Staatsbankrotts die Alleinregierung. In überraschend kurzer Zeit gelang ihm durch konsequente Sparpolitik die Ordnung der Staatsfinanzen. Zugleich betrieb er eine umfassende Staatsreform, eine Reform des Rechts, des Gerichtswesens, der Verwaltung und des Beamtentums.
Als komplizierte und schwierige Natur, die es sich und ihrer Umgebung nicht leicht gemacht hat, wird Maximilian geschildert, humorlos, misstrauisch, empfindlich und nachtragend, auf Distanz bedacht.
Durch eine strenge **Konfessionalisierung des Lebens** wurde er zum moralischen und religiösen Zuchtmeister seiner Untertanen. Eine Flut von Mandaten ergoss sich über Bayerns und vor allem Münchens Bevölkerung. Besoldete Späher überwachten deren Befolgung bis in die Wohnstuben der Bürger hinein. Alle Beamten waren zur Teilnahme an der täglichen Messe verpflichtet, für Fernbleiben von Prozessionen drohte Gehaltsentzug, an den wöchentlichen Donnerstagsprozessionen musste der ganze Rat der Stadt teilnehmen. Nach Ostern wurden von Gasse zu Gasse, von Haus zu Haus nach den Steuerlisten die Beichtzettel eingefordert. Ein Bürger, der einige Jahre nicht gebeichtet hatte, kam die entsprechende Zahl von Tagen bei Wasser und Brot auf den Turm. Vor Verleihung des Bürgerrechts wurde das Glaubensbekenntnis verlangt, vor Einweisung in ein Spital oder vor Zulassung zu den Meisterstücken der Beichtzettel. Während der ganzen 40-tägigen Fastenzeit durften die Wirtshäuser nur an Sonn- und Montagen von drei bis sechs Uhr nachmittags geöffnet werden. In der gleichen Zeit blieben alle Fleischbänke bis auf zwei sogenannte Fastenmetzger für Kranke mit Dispenszettel ihrer Geistlichen geschlossen.

Im Kräftespiel der europäischen Mächte verschaffte Maximilian seinem Land beachtliche Geltung. Als entschiedenster Verfechter der alten Religion und verlässigster Paladin des Kaisers trat er an der Spitze der 1609 gegründeten **katholischen Liga** der ein Jahr vorher eingerichteten protestantischen Union entgegen. Die Neuordnung der Landesverteidigung, die Generalmusterungen des Bürgermilitärs, das neue Zeughaus im Bereich des heutigen Marstallplatzes und vor allem die Anwesenheit des kaiserlichen Feldmarschalls Johann Tserclaes Graf von Tilly seit dem Frühjahr 1610 in München zeigten Maximilians Entschlossenheit zum Kampf.
In kluger Selbstbeschränkung widerstand Maximilian bei den Kaiserwahlen 1612 und 1619 den Verlockungen der Kaiserkrone. Doch sein Residenzbau, der an Größe und Pracht der Ausstattung alles Bisherige übertraf, das Kaisergrab in der Frauenkirche und die hart erstrittene Kurwürde bekunden ein hohes dynastisches Selbstbewusstsein.

Dreißig Jahre lang wütete der Krieg der Konfessionen. Der **Sieg am Weißen Berg** vor Prag 1620 brachte für Maximilian den Höhepunkt, vor allem weil er den Weg zur lange ersehnten **Kurfürstenwürde** bereitete und ihm 1628 die Oberpfalz gewann. Auf den Tiefpunkt seiner über 50 Jahre dauernden Regierungszeit aber stand er, als die Schweden 1632 sogar seine Hauptstadt München besetzten und ihn vertrieben.
So erlebte er auch selbst die Schattenseiten eines Krieges, der einer ganzen Generation das Leben schwer machte. Unter Truppendurchzügen und Einquartierungen hatte die Bevölkerung schwer zu leiden. Dabei war es meist unerheblich, ob es sich um die eigene, hier kaiserliche, oder um die feindliche, schwedische Soldateska handelte: Die Auswirkungen waren für die betroffenen Landbewohner gleich katastrophal.

Die Entvölkerung des ländlichen Raums durch Krieg und Pest im 17. Jahrhundert ist allerdings in einem größeren Zusammenhang zu sehen: Ungefähr seit 1500 waren die Dörfer und die Zahl der Menschen in ganz Europa im Wachsen begriffen. Es setzte ein Expansionsprozess ein, der in Bayern bis in die 20er Jahre des 17. Jahrhunderts reichte. Das alte Landgericht Dachau z.B. zählte 1500 rund 2500 Anwesen, bis 1631 waren es über 3100 geworden. Die Gesamtbevölkerung hatte sich noch stärker, nämlich um fast ein Drittel, vermehrt. Das war möglich geworden, weil mittlerweile nicht mehr jeder sein eigenes „Häusl" oder Anwesen besaß, sondern auch „Inwohner", eine Art Mietleute, möglich und deshalb mehr und mehr geworden waren. Ein herzoglicher Beamter berichtete 1610 von Dachau nach München, die Dörfer seien derart mit „Ingeheißen" überfüllt, dass ihrer an manchen Orten noch einmal soviel wie Bauern und Häusler vorhanden seien.
In den 1620er Jahren folgten dem prosperierenden Wachstum Krisen. Der Dreißigjährige Krieg brachte neben seinen übrigen verheerenden Folgen eine neuerliche Pestwelle mit sich. Insgesamt dürfte Bayern bis 1650, als man mit dem Wiederaufbau beginnen konnte, zwischen einem Viertel und einem Drittel seiner Menschen verloren haben.

Die hohen Bevölkerungsverluste boten aber auch eine Chance, vor allem für den ärmeren Teil der Bevölkerung. Es gab mehr Land für weniger Leute. Die Zahl der Heiraten schnellte in die Höhe, Immigranten, etwa aus dem Tirolischen, kamen nach Bayern. Ein Teil der verwaisten Stellen füllte sich rasch wieder; das Vieh wurde mehr, an Weiden bestand kein Mangel. Eineinhalb bis zwei Generationen lang, etwa bis zum Ende des Jahrhunderts, gab es genug verlassene Hofstätten, um eine langsam sich erholende Bevölkerung aufzunehmen.
Dann waren die Äcker wieder bestellt, die meisten Höfe wieder ordentlich geführt, die Vorkriegsverhältnisse in gewissem Sinne wiederhergestellt.

Seit Wilhelm V. waren die bayerischen Herzöge eng mit dem Erzengel Michael „verbunden". Schon in der anlässlich der Weihe von St. Michael herausgegeben Festschrift *Trophaea Bavarica* wurde der irdische Herzog Wilhelm V. mit dem „himmlischen Herzog Michael" verglichen. Ein programmatischer **Kupferstich von 1610** zeigt diese Rhetorik und zugleich die Konfessionalisierung Bayerns: Die Bildelemente des Kupferstichs enthalten ein klares Programm: Bayern wird unter göttlichen Schutz, genauer unter das Patronat der Gottesmutter und des Erzengels Michael, gestellt. Daher erscheint die Madonna auf Wolken über München mit dem Christuskind, das die vom Erzengel Michael und von vier weiteren Engeln dargebotene Karte Bayerns segnet. Während der Brustpanzer Michaels mit dem bayerischen Wappen geschmückt ist, tragen die anderen Engel die Wappen der vier bayerischen Rentämter Straubing, Burghausen, Landshut und München. Die erklärenden lateinischen Worte in der Kartusche lauten in der Übersetzung von M. Rassler, 1714: Gott segnet dich O Bayerland! / Die Jungfrau gibt dir Gott zum Pfand: / Michael, und dein Heiligs Heer / Beschüzen dich: wen förchst du mehr!
Der Erzengel Michael trägt nicht nur einen mit dem bayerischen Wappen verzierten Brustharnisch, sondern auch den Orden vom Goldenen Vlies, den Maximilian im Jahr 1600 verliehen bekommen hatte. Maximilians erfolgreicher Kampf gegen die Häresie wird durch die Darstellung Luzifers verdeutlicht, der geschlagen unter der Landkarte hervorblickt.
Entsprechend dem Text ist in der Landkarte das bayerische Gebiet vor allem im Süden auf Teile Österreichs und der Schweiz ausgeweitet, womit auf das Wirken der bayerischen Herzöge für die Christianisierung der später habsburgisch gewordenen Gebiete verwiesen und zugleich die Rolle Maximilians als Führer der katholischen Liga angedeutet wird.

Das Bild gehört in die im Gefolge des Konzils von Trient verstärkten Bemühungen der katholischen Kirche, die Welt der Bilder auch für gegenreformatorische Zwecke zu nützen. Als machtvollster Kämpfer gegen die Glaubensfeinde trat in der jesuitisch geprägten Ikonographie der Erzengel Michael auf. Durch ihren kämpferischen Geist und die argumentative Kraft ihrer Bilder sollte die Gegenreformation zum Siege geführt werden.
Mit diesem typischen Propagandabild der Gegenreformation wird das Selbstverständnis Maximilians als Führer des Katholizismus in Deutschland unterstrichen.

7

RELIGIO PRINCIPVM, TVTELA REGNORVM.
BAVARIAE
Parua sed alma Dei praesignat dextera BOIAM,
Propinat totum VIRGO parénsq; DEVM.
Tutatur MICHAËL cælesti milite campos;
INDIGETES seruant oppida, BOIA times.
Raphael Sadeler SERENISS
BAVAR. DVC. Chalcographus
Scalpsit.
Matthias Kager Monach.
adumbrauit

Am 4. Januar 1635 starb Maximilians erste Gemahlin an ihrem Fluchtort Ranshofen bei Braunau. Die Ehe war kinderlos geblieben. Schon am 15. Juli desselben Jahres heiratete der Kurfürst seine Nichte Maria Anna, eine Tochter Kaiser Ferdinands II. Sie gebar ihm am 31. Oktober 1636 den ersehnten Erben, auf dem nun alle Hoffnungen des greisen Kurfürsten ruhten.

Ein **Gemälde aus dem Jahre 1646** erscheint wie ein Vermächtnis. Der greise Kurfürst legt mit einer schützenden und zugleich präsentierenden Geste die Rechte auf die Schulter seines kleinen Sohnes und scheint ihn, versehen mit den Zeichen der herrscherlichen Gewalt in Krieg und Frieden, als seinen Nachfolger vorzustellen. Väterliches Zartgefühl und gebieterisches Auftreten verschmelzen in dem Doppelbildnis, das von der Typologie der Herrscherporträts in der ersten Hälfte des 17. Jahrhunderts her sehr ungewöhnlich ist. Es kombiniert zwei schon vorhandene ältere Bilder: eine ganzfigurige Darstellung des Kurfürsten von Joachim Sandrart und ein durch einen Kupferstich von Johann Sadeler d. J. überliefertes Bild des zehnjährigen Kurprinzen, Ferdinand Maria. Das Bild zeigt den Kurfürsten mit dunklem, schulterlangem Haar, Spitzbart und Oberlippenbart, im schwarzen Harnisch mit kurzen Beinschienen und gespornten Reitstiefeln, mit weißem Schulterkragen und dem 1430 gestifteten Orden vom Goldenen Vlies auf dem Harnisch. In der linken hoch gewinkelten Hand hält Maximilian den Kommandostab, die rechte Hand ruht auf der Schulter des ganz in Rot gekleideten, schmalgesichtigen Kurprinzen. Auf einem Tisch vor der Säule links liegen der Panzerhandschuh des Kurfürsten, ein Kurhut und ein Reichsapfel, Zeichen des auf dem Fürstentag zu Regensburg 1623 zusammen mit der pfälzischen Kurwürde empfangenen Amtes eines Reichserztruchsessen.

Als Maximilian I. am 27.9 1651 im Alter von 79 Jahren starb, war nicht nur den Weg zum absolutistischen Staat bereitet, sondern auch seinen Nachfolgern Bayerns europäischer Großmachtanspruch „in die Wiege gelegt".

8 Absolute Fürstenherrschaft

Im 17. und 18 Jahrhundert entwickelte sich auch in Bayern ein absolutistisches Herrschaftssystem, das alle Macht im Fürsten vereinigte und den Hof zum Zentrum der politischen Entscheidungen werden ließ. Schon unter Kurfürst Ferdinand Maria verstärkte sich die Tendenz zum Absolutismus.
Mit sparsamer Finanzpolitik und geschickter Diplomatie bescherte er Bayern nicht nur friedliche Jahre, sondern hinterließ seinem Nachfolger ein wohlbestelltes Kurfürstentum, als er 1676 – erst 42-jährig – starb.
Sein Sohn und Erbe **Max Emanuel** war ein anderes Naturell: Er liebte Prunk und Repräsentation, war temperamentvoll und ehrgeizig, der Kunst und den schönen Frauen zugetan und ein Draufgänger in jeder Hinsicht.

Ein **Gemälde in Schloss Lustheim**, das um 1690 gemalt wurde, verdeutlicht Max Emanuels fürstliche Selbstinszenierung besonders anschaulich.
In einer dramatischen Jagdszene sprengt der Kurfürst vor die in geschlossener Kavalkade heranreitende Hofgesellschaft, in deren Mittelpunkt sich seine Gemahlin, die habsburgische Erzherzogin Maria Antonia befindet. Sie wird seitlich begleitet von ihrem Schwager Clemens, dem späteren Fürstbischof von Regensburg und Freising und Kurfürsten von Köln, dessen geistliche Bestimmung ein Brustkreuz über der Kavalierskleidung andeutet. Rechts davon sind dessen Schwestern Maria Anna Christina, die mit dem französischen Thronfolger verheiratet war, und Violante Beatrix, Prinzessin der Toskana, abgebildet, die allerdings zu diesem Zeitpunkt nicht in München anwesend waren. Ein kleiner Mohrenknabe läuft dem Fürsten voraus, um die Beute für den Fürsten zu sichern, aufgeregte Hunde begleiten ihn mit Gebell. Die gesamte Szenerie, der über die Schulter auf den Betrachter blickende Monarch und die vornehme Hofgesellschaft, die ihn in seiner Kühnheit und Jagdleidenschaft bewundert, zeigt kein tatsächliches Jagdereignis, sondern bietet ein Abbild fürstlichen Vergnügens. Die Falkenbeize, die seit dem Mittelalter als besonders verfeinerte Jagdmethode galt, war ein besonderes Privileg des Landesherrn. Die Sonderstellung des absolutistischen Fürsten, aber zugleich seine Verbundenheit mit dem Hofadel und die Bedeutung der aus den dynastischen Beziehungen resultierenden europäischen Interessen spricht aus diesem monumentalen Gemälde, das mit anderen Schilderungen kurfürstlicher Jagden den Schmuck des Festsaals von Schloss Lustheim bildete. Für das Bildprogramm dieses Prachtbaus wurde der berühmte Porträtist Giovanni Battista Curland aus Turin verpflichtet.
Er orientierte sich dabei an den Vorbildern im Turiner Jagdschloss Venaria Reale, das Herzog Carlo Emanuele II., ein Onkel Max Emanuels, wenige Jahrzehnte früher vor den Toren seiner Residenzstadt Turin hatte errichten lassen.

Er stand auf dem Höhepunkt seines Ansehens. Wagemutig hatte Max Emanuel im Bündnis mit Kaiser Leopold erfolgreich den Kampf gegen die Türken bestanden, 1688 als „blauer Kurfürst" Belgrad erobert und sich damit unvergänglichen Ruhm erworben. Seit 1685 mit Maria Antonia, der Tochter Kaiser Leopolds I. und der rechtmäßigen Erbin Spaniens, verheiratet, begab er sich mehr und mehr auf das Feld der europäischen Großmachtpolitik, auf dem er letztlich gescheitert ist. Weder erreichte er die ersehnte Königswürde noch gelang es ihm, das spanische Erbe zu gewinnen. Die Gesamtbilanz seiner Herrschaft ist deprimierend: Von 47 Regierungsjahren verbrachte er 21 außerhalb Bayerns. Zur Entstehungszeit der Abbildung stand **Max Emanuel** bereits unter Reichsacht und hatte Bayern deshalb verlassen müssen. Gleichwohl inszenierte er sich auch im Exil als Feldherr und ließ sich von Joseph Vivien in Siegerpose vor der Festung Mons (im Hintergrund) darstellen. An den Schulden, die er hinterließ, hatte das Land bis ins 19. Jahrhundert hinein zu tragen.

Geblieben sind aber bis heute seine Schlösser und Bilder, die ihn als bedeutenden Fürsten des Absolutismus zeigen. So ließ Max Emmanuel in Schleißheim seit 1684 an der Stelle der Renatuskapelle Wilhelms V. Schloss Lustheim errichten und stattete es mit einer großen Gartenanlage aus, die dem Stil der Zeit gemäß holländischen Vorbildern folgte.

Die Bevölkerung Bayerns litt schwer im **„Spanischen Erbfolgekrieg"**. Nach der vernichtenden Niederlage bei Höchstädt 1704 gegen Österreich und England verließ der Kurfürst sein Land und gab es für fast zehn Jahre den feindlichen Österreichern preis.
Deren verhasste Administration provozierte einen Bauernaufstand, dessen Höhepunkt 1705 die „Sendlinger Mordweihnacht" markierte.
Der legendäre Schmied von Kochel ist damals zur Symbolfigur für den bayerischen Widerstandsgeist geworden. **Defreggers berühmtes Historiengemälde** von 1881 zeigt ihn in einer dramatischen Aktion. Wie ein Berserker rennt der entschlossene Kämpfer gegen das sogenannte Rote Tor, den westlichen Torturm der Isarbrücke zu München, an. Mit dieser Bildgeschichte verbindet sich jedoch eine fragwürdige Geschichtserzählung. Belegt ist dieser volkstümlich Heros nämlich nicht. Er taucht erstmals auf dem Wandgemälde auf, das Wilhelm Lindenschmidt 1831 für die Sendlinger Kirche entworfen hat. Andere - besonders wirksam eben Defregger - haben diese Bilderzählung fortgeführt. Und so ist der legendäre Schmied von Kochel nachhaltig in unser Geschichtsbild geraten und zum Mythos geworden.

Fürstlicher Absolutismus blieb jedoch nicht auf die weltlichen Territorien und ihre Regenten beschränkt, sondern entfaltete sich auch aufs prächtigste in den **Hochstiften der Fürstbischöfe**.

Das **Hochaltarbild der Pfarrkirche in Gaibach** aus dem Jahr 1748 zeigt dies besonders deutlich.
Gaibach, ein kleiner Ort nahe dem unterfränkischen Volkach, ist geprägt von zwei der bedeutendsten Geschlechter Frankens, den Echter und den Schönborn. Im Jahr 1580 erwarb Valentin Echter von Mespelbrunn für 21816 Gulden die Herrschaft Gaibach und erbaute wenige Jahre später, auch mit Hilfe seines Bruders Julius Echter, des Fürstbischofs von Würzburg, eine neue Pfarrkirche, die 1610 eingeweiht wurde.
1650 kaufte Philipp Erwein von Schönborn für 10000 Gulden diesen Besitz und vererbte ihn an seinen Sohn, den späteren Fürstbischof von Bamberg und Kurfürsten von Mainz, Lothar Franz. Dieser wiederum vermachte ihn seinem Neffen Friedrich Karl, dem Fürstbischof von Würzburg. Dieser ließ zwischen 1740 und 1745 aus eigenen Mitteln und weiteren 2000 Gulden, die Hugo Damian Kardinal von Schönborn stiftete, eine neue Pfarrkirche errichten, die noch heute zu den Prunkstücken dieser Region zählt, da ihr Baumeister Balthasar Neumann einer der namhaftesten Architekten seiner Zeit war.
Der barocke Hochaltar, den Antonio Bossi, der geniale Stukkateur der Würzburger Residenz, 1748 schuf, stellt ein einziges Loblied auf das gräfliche Haus der Schönborn dar.
Das von Franz Lippold 1748 gemalte Altarbild mit dem Titel „Das Haus Schönborn huldigt der Heiligsten Dreifaltigkeit" entspricht durchaus der Bedeutung der Kirche als Baudenkmal und dem hymnischen Charakter des Hochaltars. Es versammelt in der Art von Stifterbildern die führenden Mitglieder des Grafengeschlechtes, zwar „in der Anbetung der Heiligsten Dreifaltigkeit", aber in unglaublich selbstbewusster Repräsentation des eigenen Standes und der Familientradition. Im Mittelpunkt steht der ranghöchste Kirchenvertreter der Schönborn-Familie, Hugo Damian, Kardinal und Fürstbischof von Speyer und Konstanz. Eher im Hintergrund hält sich sein „Oheim" Lothar Franz (hintere Reihe, 2.von links), der als Fürstbischof von Bamberg, Kurfürst von Mainz und Reichserzkanzler wohl den höchsten politischen Einfluss erreichte. 1711 stellte er sich gar an die Spitze der Reichsstände, welche die Wahl Karls VI. zum Kaiser durchsetzten. Außerdem sorgte er dafür, dass seine Neffen ebenfalls in höchst einflussreiche kirchliche Positionen gelangten. Insgesamt hat die Schönbornsche Familie in den Jahren zwischen 1642 und 1756 über ein Dutzend geistlicher Fürstenhüte auf sich versammeln können. Demütig, als einziger wirklich zur Dreifaltigkeit betend, präsentiert sich vorne links der Bauherr Friedrich Karl, als Mittler zwischen dem eigenen Hause und den himmlischen Mächten. Herrschaftszeichen fehlen auf diesem Bild nicht: Kardinalshut, Bischofsstab, ja sogar eine Papstkrone finden sich im unteren Gemäldebereich, Insignien einer prunk- und glanzvollen Kirchenherrschaft, die wenige Jahrzehnte später in der Säkularisation endgültig zerbrach.

Diese Fürstenherrschaft in den Hochstiften war reichsunmittelbar, also dem Kaiser ohne jede Zwischengewalt direkt unterstellt.
Die geistliche Herrschaft der Prälatenorden dagegen war an das Land gebunden. Dennoch waren auch die Prälaten renommierte Repräsentanten ihres Standes und in Habitus und Anspruch durchaus adelsgleich.

Ein besonders sprechendes Beispiel ist ein **Gemälde von 1762**, das sich in Polling befindet. Es zeigt **Franziskus Töpsl**, der seit 1744 als Propst des Augustiner-Chorherrenstiftes Polling zu den führenden Persönlichkeiten der Geistlichkeit in Bayern zählte. Der Bildtypus, der durchaus an repräsentative Herrscherdarstellungen erinnert, betont damit auch die hohe gesellschaftliche und politische Bedeutung des Prälatenstandes insgesamt.
Töpsl hält in der linken Hand eine Liste, auf der die Pollinger Chorherren verzeichnet sind, mit der Rechten zeigt er auf einen mit einem Kreuz bekrönten Obelisken, wobei sein Zeigefinger direkt auf den Gekreuzigten hinweist. Bekleidet ist er mit der für die Augustiner-Chorherren typischen weißen Ordenstracht. Auf der Brust trägt er als Zeichen seiner Würde als Klostervorsteher (Praepositus = Propst) ein Kreuz, das sogenannte „Pectorale". Hinter ihm ist ein Globus zu erkennen, der als Symbol der Weltkenntnis galt und in jeder größeren Klosterbibliothek zu finden war.
Töpsls Geste betont den Glauben als Gipfelpunkt der Weisheit. In diesem Konzept der katholischen Aufklärung, die gerade in den Klöstern im 18. Jahrhundert Fuß fasste und deren bedeutendster Repräsentant wohl Töpsl gewesen ist, wurde die Einheit von Glaube und Wissenschaft betont, wenngleich als höchste Quelle der Weisheit weiterhin die göttliche Offenbarung galt. 1744 zum Propst von Kloster Polling gewählt, stürzte sich Töpsl, damit durchaus dem Zeitgeist verpflichtet, in eine rege Bautätigkeit, die auf dem Gemälde ihren kulissenartigen Ausdruck findet: Zunächst ließ er die Klosterkirche renovieren, den Bau eines Observatoriums beginnen und die Bibliothek neu errichten, die nach ihrer Fertigstellung im Jahr 1779 mit ihren etwa 80000 Bänden zu den bedeutendsten im süddeutschen Raum zählte. Seine wichtigste Aufgabe aber sah der Propst „in der wissenschaftlichen Betätigung und in der Verbreitung von Wissenschaft und Aufklärung im eigenen Kloster". Durch den gezielten Ausbau des Bibliotheksbestandes, die Ausbildung der Konventualen in den Geistes- und Naturwissenschaften und durch die Förderung der wissenschaftlichen Forschung wurde Polling bald zum geistigen Zentrum und zur Gelehrtenakademie. Töpsl wirkte auch bei der Gründung der Bayerischen Akademie der Wissenschaften mit und gehörte selbst deren Historischer Klasse an.
Eine wichtige Rolle spielte Töpsl auch als **Repräsentant des Prälatenstandes** in der landständischen Vertretung. Er war ein entschiedener Verfechter der Ständeverfassung. Als nach 1781 dem Prälatenstand von Kurfürst Karl Theodor das höhere Schulwesen übertragen wurde, das bis zu seinem Verbot der Jesuitenorden betreut hatte, übte Töpsl auch noch das Amt des Generalschuldirektors aus und war damit für den Lehrplan und die Auswahl der Professoren zuständig.

An der Person Töpsls wird deutlich, welche zentrale Rolle den vier Prälatenorden, Benediktinern, Zisterziensern, Prämonstratensern und Augustiner-Chorherren, noch im 18. Jahrhundert zukam. Die Prälatenklöster waren Zentren ebenso der Wissenschaftspflege und der Bildungsarbeit wie des Wirtschaftslebens und der politischen Herrschaft. Mit ihren Steuerbeiträgen boten sie eine sichere finanzielle Stütze auch für die bayerischen Kurfürsten.

Der von der Aufklärung verbreitete polemische Vorwurf, die Klöster des 18. Jahrhunderts seien moralisch verfallen und finanziell ruiniert gewesen, entbehrt daher jeder Grundlage. Gleichwohl werden derartige Behauptungen bis heute wiederholt und finden sich sogar in Schulbüchern. Damit aber werden die historischen Zweckurteile der kirchenfeindlichen Aufklärung ungeprüft bis in unsere Gegenwart transferiert. Der Lebenslauf von Propst Töpsl tritt einen glaubwürdigen Gegenbeweis an und rückt Würde und Wert des bayerischen Klosterwesens vor der Säkularisation ins rechte Licht.

Sowohl die Prälaten als auch die adeligen Grundbesitzer herrschten über Land und Leute und bestimmten damit den Alltag der Menschen. Das Leben der „kleinen Leute", der Mehrheit der damaligen Bevölkerung, spielte sich im ländlichen Raum ab, in dem kleinen Radius von **Grund- und Dorfherrschaft**.

Eine seltene Quelle zur Besitz- und Hofgeschichte eines bayerischen Dorfes im 17. und 18. Jahrhundert stellt das **Martinsbucher „Hausbuch"** dar.

Das Dorf Martinsbuch ist vermutlich im 9/10. Jahrhundert entstanden und urkundlich seit dem späten Mittelalter mit vier Anwesen, einer Schmiede und dem Pfarrhof belegt. Martinsbuch war eine sogenannte offene Hofmark, wo es neben dem adeligen Hofmarksherrn auch andere Besitzer gab. Nach Rückschlägen im Dreißigjährigen Krieg entwickelte sich das Dorf an der Wende vom 17. zum 18. Jahrhundert zu voller Blüte.

Hundert Jahre später machte sich der Ortspfarrer Martin Prechtl daran, die Gestalt des Dorfes in Wort und Bild festzuhalten und widmete sich zugleich intensiv der Erforschung der Ortsgeschichte. In seiner Einleitung spricht der Pfarrer, ganz dem fortschrittlichen, reformorientierten Zeitgeist verbunden, den Wunsch aus, „... das also im Ernste dieses Buch für das Hauswesen aller Martinsbucher Pfarrkinder nuzlich und tauglich seyn wird. Dessen guten Gebrauch winschet Author Franz Xaverius Prechtl, parochus" .

Beginnend mit einem Band über die geschichtliche Entwicklung der Pfarrkirche und die Gottesdienstordnung fertigte Prechtl mit großem Fleiß und wissenschaftlicher Genauigkeit sein von ihm selbst so benanntes „Hausbuch" in 15 Bänden. Darin sind sämtliche Anwesen der ausgedehnten Pfarrei Martinsbuch einzeln aufgeführt und, soweit Archivalien fassbar waren, ihre Besitzer mit Zeitpunkt und näheren Angaben der Hofübergabe sowie dem Personenstand aus den Pfarrmatrikeln zusammengestellt.

Prechtl ließ von seinem Bruder Meinrad, einem „Karmeliten zu Straubing", jeden Hof, selbst noch das kleinste Leerhäusl naturgetreu im Format 16 x 16 cm zeichnen und dann mit Temperafarben ausmalen.

In dem 1793 vollendeten „Hausbuch" sind 26 große und kleine Anwesen verzeichnet, vom einfachen Häusl bis zum bedeutenden Komplex des Pfarrhofs, in der Siedlungsform eines Haufendorfs.

Außer dem Pfarrherrn, der als Zehnteinnehmer vom Ertrag her ein „Großbauer" war, gab es damals in Martinsbuch fünf „Vollbauern" unterschiedlicher Größe und den wirtschaftlich besonders gestellten Tafernwirt. Auf den restlichen Hofstellen saßen die beiden anderen Inhaber der Ehhaftsgewerbe, Bader und Schmied. Dazu wohnten Mesner und Hirt, etliche Taglöhner und eine größere Anzahl von Handwerkern im Dorf. Neben ihrem Gewerbe betrieben letztere, soweit möglich, ebenfalls Landwirtschaft oder verdingten sich zusätzlich im Taglohn.

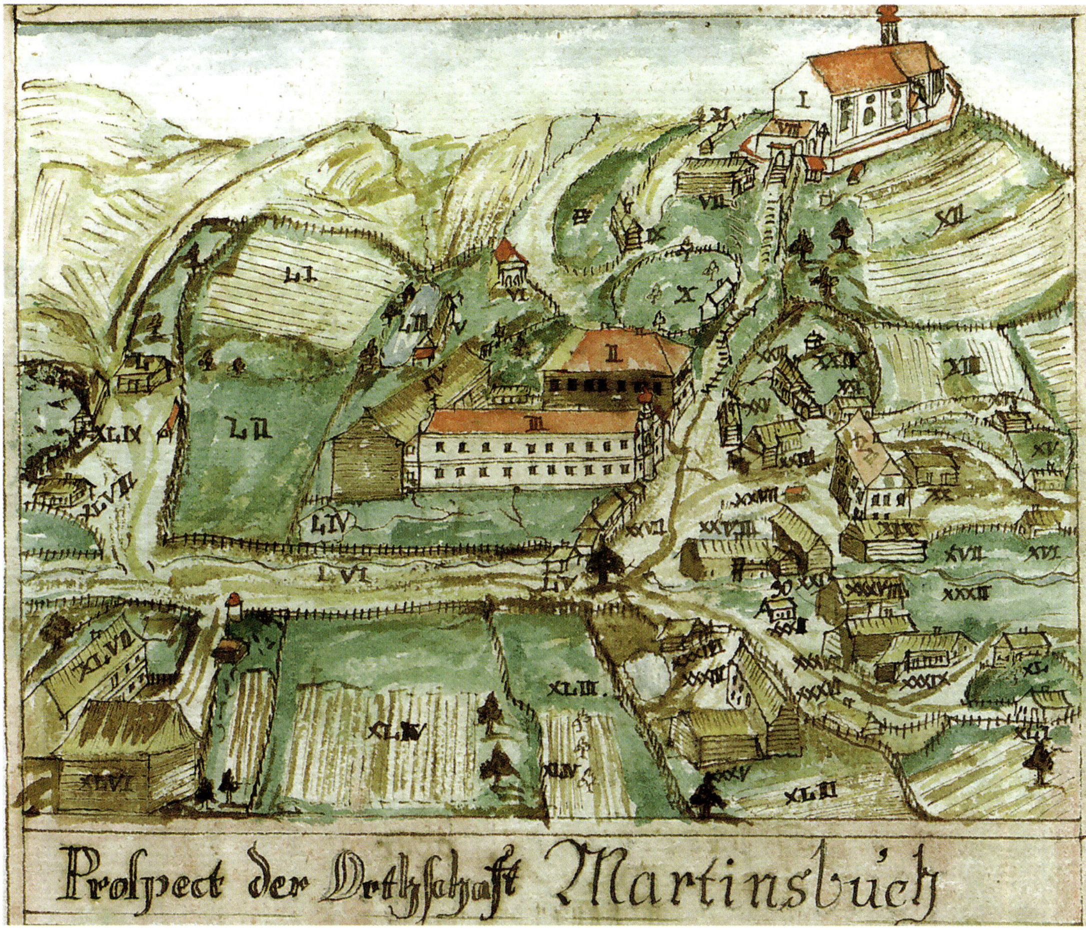

Gezeigt wird hier die Teilansicht von Martinsbuch aus Südwesten. Das auffällige Anwesen im Vordergrund ist der Pfarrhof; im größeren Haus rechts sitzt der „Hofbauer" auf dem ehemals herrschaftlichen Schlossgut.

Holz war das vorherrschende Baumaterial der Wohn- und Wirtschaftsgebäude. Die repräsentativen Gebäude im Dorf sind bereits im Ziegelbau aufgeführt. Mit Wasser wurde das Dorf durch Röhrenbrunnen mit Brunnensäulen und durch Schöpfbrunnen versorgt. Dargestellt sind auch umfriedete und von der Hofflur deutlich abgesetzte bäuerliche Pflanz- und Obstgärten. Insgesamt bietet dieses Hausbuch einen einzigartigen und detailreichen Einblick in das Dorfleben des 18. Jahrhunderts, aus dem sich auch das Leben der Zeit rekonstruieren lässt.

Magdalena Pichelmayrin
oder so genante Senner Lena
welche 63 Jahr in Hochgräfl.
diensten alhier gewesen, und
in allen 90 Jahr erlebet hat
Anno 1750

Ein Blick auf die „kleinen Leute" dieser Zeit ist uns selten vergönnt.
Eine der wenigen Ausnahmen stellt das Bild der **Henna-Lena** dar.

Magdalena Pichelmayr, so erfahren wir aus der Inschrift, stand 63 Jahre im Dienst ihrer Herrschaft, der Grafen von Törring. Offensichtlich war sie dort vor allem als Hühnermagd tätig, wie ihr Spitzname und die beiden Eier in der rechten Hand vermuten lassen.
Sie gehört damit zu der nicht geringen Zahl von unverheirateten Frauen, die ihr gesamtes Leben in abhängiger Stellung verbrachten und dafür üblicherweise keine Auszeichnung erhielten. Dass sie es gar zu einem Gemälde gebracht hat, spricht für die besondere Wertschätzung und Dankbarkeit des Grafen, der sicher der Auftraggeber gewesen ist.
Und wie sie sich da präsentiert, auf höfischem Hintergrund und im Festtagsgewand, ist von dem entbehrungsreichen Leben fast nichts mehr zu erkennen, wären da nicht das abgehärmte Gesicht und die abgearbeiteten Hände.
Sie war nur ein kleines Rädchen im Gefüge der dörflichen Gesellschaft, erinnert aber in ihrer Person an ein über Jahrhunderte wirksames gesellschaftliches Ordnungssystem, das die ländliche Lebenswelt und den individuellen Spielraum des „vierten Standes" bestimmte.
Die dörfliche Welt war ein lebendiges Spannungsfeld zwischen adeliger Herrschaft und bäuerlicher Genossenschaft, zwischen alten dörflichen Gemeinderechten und obrigkeitlichen Machtansprüchen. Zudem stellte sie in ihrem Inneren eine komplizierte Gemengelage aus sozialer Schichtung und wirtschaftlicher Differenzierung dar.

Trotz allen Wandels im einzelnen bildete sie ein tragendes Kontinuitätselement, das erst nach 1800 grundlegende strukturelle Änderungen erfuhr.

9 Montgelas und die „Revolution von oben“

9

Die dynamische gesellschaftliche und politische Entwicklung seit der Französischen Revolution verursachte auch in Bayern einen tiefen Bruch mit einer jahrhundertelangen Vergangenheit und stellt eine der größten Zäsuren in der bayerischen Geschichte dar.
Der moderne bayerische Staat, der sich im frühen 19. Jahrhundert herausbildete, war geprägt vom Geist der Aufklärung und den Auswirkungen der Französischen Revolution.
Geformt wurde er durch den Einfluss Napoleons und vor allem durch die starke Hand des führenden Staatsmannes dieser Jahre, Maximilian Joseph Graf von Montgelas, der in einer „Revolution von oben" das neue Staatswesen schuf.
Das **Gemälde von Joseph Hauber** aus dem Jahre 1804, zeigt Montgelas als gebildeten, aufgeklärten Adeligen. Der Minister trägt die bedeutendste, vom Monarchen verliehene zivile Auszeichnung, den Hubertusorden mit der Devise „In Treue fest" und die zugehörige Ordenskette. Seinen Gesichtsausdruck beschreibt ein Zeitgenosse so: „Ein kleines, scharfblickendes Auge, eine lange, hervorstechende Nase, ein großer spöttischer Mund gaben seiner Erscheinung etwas Mephistophelisches."

18 Jahre stand **Maximilian Graf von Montgelas**, nach dem Urteil des Historikers Michael Doeberl „der fähigste Staatsmann, der jemals die Geschicke Bayerns geleitet hat", dem bayerischen Kurfürsten und König Max I. Joseph zur Seite.
Als Sohn eines savoyardischen Generals und Diplomaten in bayerischen Diensten und einer bayerischen Mutter wurde Montgelas 1759 in München geboren. Früh verwaist, wurde er zur Erziehung nach Nancy geschickt, studierte anschließend in Straßburg Jura und schloss 1777 dieses Studium mit Auszeichnung an der Universität Ingolstadt ab. Auf Vermittlung seines Taufpaten, des bayerischen Kurfürsten Max III. Joseph, erhielt er zunächst eine Stelle als unbesoldeter Hofrat in München. Mit dessen Nachfolger Karl Theodor aber geriet er wegen seiner aufklärerischen Ideen, seiner Zugehörigkeit zu dem als revolutionär geltenden Illuminatenorden und wegen seines Widerstands gegen die Pläne des Monarchen, Bayern gegen die österreichischen Niederlande zu tauschen, bald in Konflikt. Daher trat er 1787 in den Dienst Karls II. August von Zweibrücken. Nach dessen Tod wurde er zum unentbehrlichen Beraters seines Sohnes, des jungen Herzogs Max. Für diesen verfasste er im gemeinsamen Exil in Ansbach 1796 eine programmatische Schrift, das Ansbacher Mémoire, in dem die künftige Reformpolitik bereits vorgezeichnet ist.

Als Kurfürst Karl Theodor 1799 kinderlos starb, übernahm Herzog Max als **Max IV. Joseph** 1799 die Herrschaft in Kurpfalzbayern und Montgelas wurde nun zur treibenden Kraft einer „Revolution von oben", die das in der Napoleonischen Ära veränderte Bayern nun radikal umgestaltete und im Geist der Zeit von Grund aufmodernisierte. Die Machtfülle, die Montgelas erreichte – er war 1799-1817 Außenminister, daneben 1803-1806 und 1809-1817 auch Finanzminister und 1806-1817 Innenminister -, war Ausdruck einer besonderen Vertrauensstellung und garantierte weitgehend die Einheitlichkeit und den steten Fortschritt des Reformwerks.
Außenpolitisch steuerte er den bayerischen Staat mit geschickter Diplomatie durch die Gefährdungen einer kriegerischen Zeit: 1805 führte er Bayern in das Bündnis mit dem siegreichen Kaiser der Franzosen, 1813 wechselte er kühl kalkulierend zur Gegenseite, nicht ohne daraus jeweils Vorteile zu ziehen.
Mitten in der Vorbereitung für eine neue Verfassung, die die Konstitution von 1808 fortführen und erweitern sollte, ist Montgelas 1817 von einer gegnerischen Gruppe um den Kronprinzen Ludwiggestürzt worden. In einem großartigen Rechenschaftsbericht, dem „Compte rendu au Roi" stellte Montgelas die Leistungen seiner Amtszeit zusammen und widerlegte damit eindrucksvoll die Vorwürfe seiner Kontrahenten und die Scheingründe für seine Entlassung.

Als Max IV. Joseph 1799 die Herrschaft übernahm, war die politische Situation Bayerns allerdings mehr als prekär: Die linksrheinische Pfalz war von Frankreich besetzt, die rechtsrheinische bedroht. In Bayern selbst standen über 100 000 österreichische Soldaten, die jederzeit zu einer feindlichen Armee werden konnten. Österreich gab den bayerischen Verbündeten auch bald den französischen Heeren preis. Bei Hohenlinden erlitt es 1800 eine so schwere Niederlage, dass dieser Waffengang schnell beendet war.

Die bayerische Bevölkerung hatte in den kriegerischen Jahren zwischen 1799 und 1814 viel zu ertragen. Denn feindliche wie verbündete Truppen waren oftmals im Land und deckten ihren Bedarf an Nahrungsmitteln, Futter, Transportmitteln und Brennholz vorwiegend aus dem Land. Dazu kamen Disziplinlosigkeiten und Plünderungen, die den Krieg zu einer wahren Landplage werden ließen.

Ein **Votivbild** aus dem Jahre 1801 zeigt die Aktivitäten französischer Truppen in und um das oberbayerische Dorf **Steinhöring** am 28. November 1800. Überall sind biwakierende Soldaten zu erkennen, die um Lagerfeuer geschart sind. Links im Vordergrund stehen französische Bagage- und Artilleriewagen. Rechts findet ein Reiterscharmützel zwischen einem österreichischen Spähtrupp und französischen Soldaten statt. Oben schweben die angerufenen Heiligen, die Muttergottes und die Pfarrheiligen St. Leonhard und St. Gallus, über der Szene.

Nach der Niederlage von Hohenlinden stimmte der österreichische Kaiser Franz im Frieden von Lunéville 1801 der endgültigen Abtretung der linksrheinischen Gebiete an Frankreich zu. Durch ein Abkommen im selben Jahre ließ Bayern sich von Frankreich einen Länderausgleich für die von ihm annektierten linksrheinischen Gebiete in Aussicht stellen. Damit begann die allmähliche Hinwendung Bayerns zum französischen Partner.
Montgelas beschritt diesen Weg aus Misstrauen gegenüber Österreich und mit dem sicheren Gespür für Frankreich als die überlegenere Kraft in Europa. 1805 schloss Bayern im Vertrag von Bogenhausen ein geheimes Schutz- und Trutzbündnis mit Napoleon. Von nun an war Bayern auf der Seite Napoleons und damit des – vorläufigen – Siegers.

Der tiefste Eingriff in die politische, wirtschaftliche und gesellschaftliche Struktur des Landes geschah durch die **Säkularisation** und die **Mediatisierung**. Sie waren schon in Lunéville vorbereitet worden und wurden nun durch den Reichsdeputationshauptschluss von 1803 endgültig bestätigt.

Die alten Hochstifte, Freising, Bamberg, Eichstätt, Würzburg, Passau, Salzburg, bisher regiert von einflussreichen Fürstbischöfen, wurden durch die sogenannte Herrschaftssäkularisation entmachtet und verstaatlicht. Durch den Vorgang der Vermögenssäkularisation wurden die Klöster aufgelöst und ihr gesamter Besitz dem Staat zugeschlagen. Diese gewaltige „Flurbereinigung" traf in Bayern über 300 Klöster, allein in Altbayern mehr als 70 Prälatenklöster und Stifte. In einer würdevollen Erklärung beugte sich der Prälatenstand, die Vertretung der Klöster in der Ständeversammlung, am 9. März 1803 dem gewaltsamen Eingriff: „Der Prälatenstand, seit Jahrhunderten treu seinem Fürsten, ergeben seinem Vaterlande, kein Opfer jemals verweigernd, keines Verbrechens jemals beschuldigt – steht im Begriffe..... alles was ihm wert und selig war, auf einmal zu verlieren......Wir treten ab und nehmen nichts mit uns, als das Bewusstsein, unsere Pflicht nach allen Kräften erfüllt zu haben."
Die säkularisierten Klöster waren einst Zentren der Bildung und wirtschaftliche Mittelpunkte im ländlichen Raum. Kunstschätze, Bücher, Archivalien wanderten, soweit sie von höherem Rang waren, nach München, vieles andere wurde verschleudert, verkauft und auch vernichtet. Kirchen dienten plötzlich als Brauereien und Lagerräume oder wurden abgerissen. Wallfahrten wurden verboten, Feiertage und kirchlich gepflegtes Brauchtum verfielen dem Verdikt der neuen Herren.

Die aufgeklärten „Sieger" aber triumphierten, wie der Bücherkommissär Johann Christoph von Aretin: „Nach tausend Jahren noch wird man die Folgen dieses Schrittes empfinden. Die philosophischen Geschichtsschreiber werden von der Auflösung der Klöster, wie sie es von der Auflösung des Faustrechts taten, eine neue Zeitrechnung anfangen, und man wird sich den Ruinen der Abteien ungefähr mit demselben Gefühle nähern, mit welchem wir jetzt die Trümmer der alten Raubschlösser betrachten."
Aretin befand sich ohne Frage im Einklang mit dem Zeitgeist, der die Klöster als überholte, mittelalterliche Einrichtungen abtat und zugleich ihre politische und wirtschaftliche Macht kritisierte. Die Klostersäkularisation hat dem bayerischen Staat allerdings weder den erhofften finanziellen Erfolg beschert noch das Klosterwesen endgültig zum Erliegen gebracht, vielmehr ohne Not eine jahrhundertealte Kulturlandschaft schwer geschädigt.

9

Ein **anonymes Aquarell** aus dem Jahre 1803 zeigt Angehörige verschiedener Orden, die das Vermögen ihrer Klöster zu einem staatlichen Aufhebungskommissär bringen.

Dieser hat sich auf einer Anhöhe, neben einem mit einer Girlande bekränzten Denkmal, postiert. Unterstützt wird er bei seiner obrigkeitlichen Tätigkeit durch einen bayerischen Soldaten. Auf dem Denkmal kämpft der Reichsadler, das Wappentier des Heiligen Römischen Reiches, mit dem bayerischen Löwen, der an die Stelle des Reichswappens nun ein bayerisches Rautenschild setzen und damit siegreich sein wird. Damit verweist diese Szene auf den engen Zusammenhang zwischen Säkularisation und Ende des Alten Reichs im Jahr 1806. Die Mönche und Klosterfrauen schleppen und karren Truhen, Geldsäcke und Kirchengerät zum vorgeschriebenen Ablieferungsort. Sie tragen aber auch Geräte und Werkzeuge mit sich, die wohl an Grundbesitz und Herrschaftsrechte der Klöster erinnern sollen.

Ebenso gravierend war der Vorgang der **Mediatisierung**, die Auflösung bisher selbstständiger, ausschließlich dem Reich unterstellter weltlicher Territorien. Als erste traf es die Reichsstädte. Ihnen folgten wenig später eine Reihe adeliger Herrschaftsgebiete, die kleinen Reichsritterschaften ebenso wie die größeren Reichsfürstentümer.

Mit dem Rheinbund schuf Napoleon 1806 ein neues Bündnissystem, das schließlich das Alte Reich zerstörte. Durch die Mediatisierung bisher reichsunmittelbaren Gebiete vergrößerte sich das Territorium des Kurfürstentums Bayern. Das aus einem Konglomerat unterschiedlichster Regionen zusammengefügte Land gestaltete Montgelas gemeinsam mit einer aufgeklärten Bürokratie durch eine Vielzahl von Reformen zum **modernen Staatsbayern**.

Der Monopolstaat, der keine selbstständigen Gewalten neben sich duldete, und eine starke Zentralverwaltung entstanden, aber auch der Rechts- und Verfassungsstaat, der die Ständeprivilegien abschaffte und die Macht des Monarchen begrenzte. Nicht mehr der Fürst, sondern der Staat wurde nun zum Souverän, zum Sitz und Quell aller Hoheitsrechte.
Religiöse Parität, die Unabhängigkeit der Gerichte, eine qualifizierte Beamtenschaft und eine dreistufige Verwaltungsgliederung waren Errungenschaften, die bis heute weiterwirken.
Ein massiver Sachzwang kam dazu, nämlich der ungeheuere Schuldenberg, der den bayerischen Staat mehrmals an die Grenze des Bankrotts führte. Nur durch effiziente Verwaltung waren gesicherte Einnahmen und planbare Staatsfinanzen zu erzielen, ein Faktum, das nicht hoch genug veranschlagt werden kann.
Besondere Bedeutung kam auch der Steuerreform zu, deren Voraussetzung eine präzise Landvermessung mit der Anlage von Katastern und Statistiken war. Auch die Vereinheitlichung des Wirtschaftsraumes, vor allem durch Angleichungder Zölle, Münzen und Gewichte, wurde vorangetrieben.
Im Verlaufe der Ära Montgelas wurde Bayern zum Mustertypus des süddeutschen Konstitutionalismus, der trotz mancher Einschränkungen und Verzögerungen wesentliche zukunftsweisende Modernisierungsfaktoren aufwies. Die alte Ständegesellschaft wurde zugunsten einer bürgerlichen Eigentümergesellschaft aufgelöst, die „Nation" ersetzte die traditionelle Ständeordnung und entwickelte in der Folge ihre eigenen Formen der Repräsentation.

Das Beispiel der Reichsstadt Memmingen steht stellvertretend für viele andere mediatisierte, bisher dem Reich unterstellte Städte. Die Eingliederung Memmingens in das Kurfürstentum Bayern vollzog sich in mehreren Schritten: Auf die militärische Besetzung folgte am 30. November 1802 die zivile Inbesitznahme der Stadt. Bei der Bekanntgabe und dem Anschlag des Besitznahmepatents wurde der Stadtkanzlist vorsorglich von einem militärischen Kommando begleitet. Außerdem wurden die Einwohner der Stadt unter Strafandrohung vor Unmutsäußerungen oder gar Widerstand gewarnt.

Ein **Gedenkbild** vom 30. November 1802 nimmt auf diesen Vorgang Bezug. Es zeigt ein Denkmal mit dem bayerischem Wappen und einem Löwen. Links erinnert ein Arrangement von Waffen an die bayerische Armee, rechts vorne weist ein bayerischer Offizier auf den Denkmalstext hin, der das Ereignis der zivilen Besitznahme benennt. Im oberen Aufsatz sind die Namen der Auftraggeber verzeichnet.

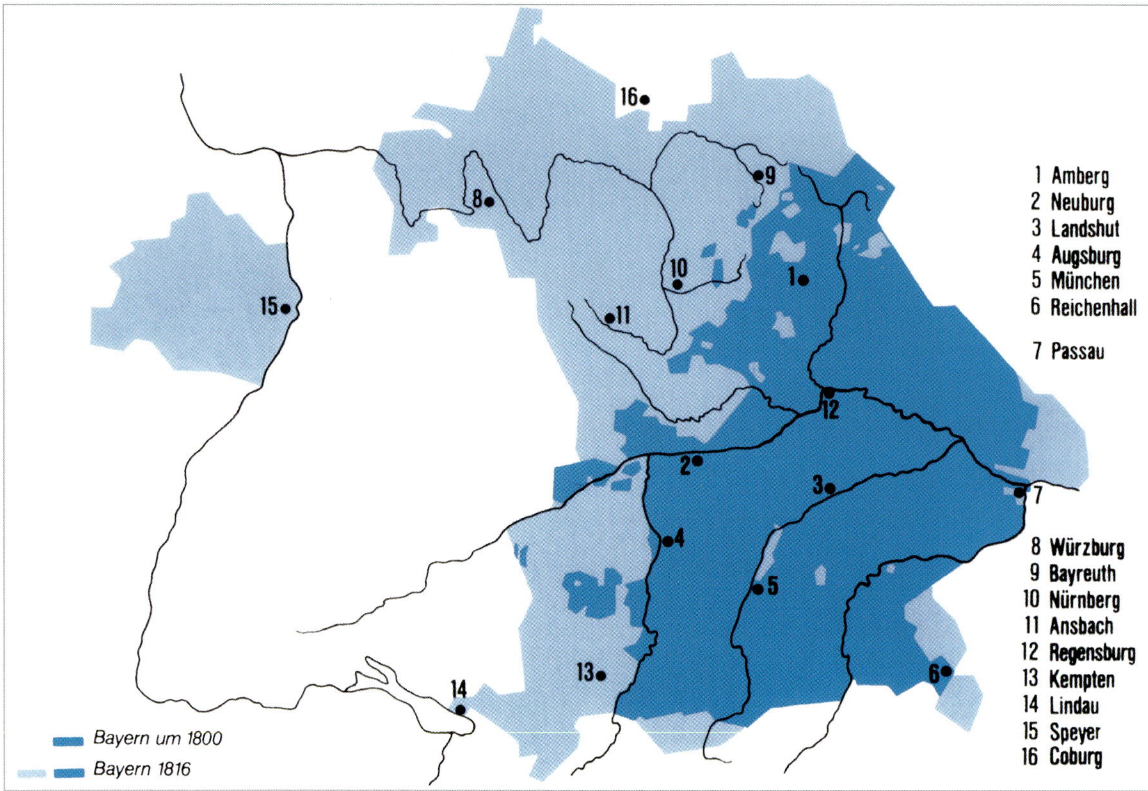

Nach Abschluss dieses erzwungenen Integrationsprozesses war ein Staatsbayern entstanden, das aus altbayerischen und neubayerischen Gebieten und der Pfalz bestand. Die Neuerwerbungen sind auf dieser **Karte** hellblau dargestellt: die linksrheinische Pfalz, die Gebiete in Franken und Schwaben sowie Salzburg und Berchtesgaden. Bayerns Territorium hatte sich um ca. ein Drittel vergrößert.

Bei all den reformerischen Maßnahmen aber galt es, die neuen Regionen nicht nur zu verwalten, sondern zugleich einzubinden, um ein gemeinsames Staatsbewusstsein zu schaffen. Diese Aufgabe sollte Bayerns Bürokratie noch Jahrzehnte in Atem halten und im Grunde beschäftigt sie die bayerische Politik bis heute.

Als Dank für die politische Gefolgschaft wurde Max IV. Joseph im Jahre 1806 **König** von Napoleons Gnaden. Für Bayern begann damit ein neues Kapitel seiner Geschichte, in dem die Frage der staatlichen Souveränität und Integration zentrale Bedeutung erhielt.

In der **Proklamation vom 1. Januar 1806** ließ der König daher keinen Zweifel an seinem festen Willen, selbstständige Politik zu betreiben.

So betonte Max Joseph in bewusster Verkennung der wirklichen Machtverhältnisse, dass er vorhabe Baierns Unabhängigkeit zu begründen und er deshalb „den dem Regenten Baierns angestammten Titel eines Königs von Bayern" annehme und öffentlich proklamieren lasse.

Obwohl er durch den Rückgriff auf mittelalterliche Traditionen die neue Rangerhöhung zu legitimieren suchte, hatte Max I. Joseph, wie er nun als König hieß, für diesen Titel einen privaten und einen politischen Preis zu zahlen. Er musste seine älteste Tochter Augusta Amalia mit dem Stief- und Adoptivsohn Napoleons, Eugène Beauharnais, verheiraten, dem Rheinbund beitreten und damit auch ein Defensiv- und Offensivbündnis mit Frankreich akzeptieren.

Proklamation.

Da durch die Vorsehung Gottes es dahin gediehen ist, daß das Ansehen und die Würde des Herrschers in Baiern seinen alten Glanz und seine vorige Höhe zur Wohlfahrt des Volkes, und zum Flor des Landes wieder erreicht, so wird der Allerdurchlauchtigste und Großmächtigste Fürst und Herr, Herr Maximilian Joseph, als König von Baiern, und allen dazu gehörigen Ländern hiemit feyerlich ausgerufen, und dieses seinen Völkern allenthalben kund und zu wissen gemacht.

Lange und glücklich lebe Maximilian Joseph, unser allergnädigster König! Lange und glücklich lebe Karoline, unsere allergnädigste Königin!

So geschehen und verkündet in der Königlichen Haupt- und Residenzstadt München am ersten Tage des Jahres Ein Tausend Acht Hundert Sechs.

Stolz präsentiert Max I. Joseph die neue Würde auf seinem **Krönungsbild** von 1806: Das repräsentative Porträt wurde im Jahr der Proklamation von der Universität Landshut in Auftrag gegeben. Es zeigt den Monarchen in einem Ornat, der insgesamt dem Vorbild Napoleons folgt. Um den Hals trägt der König den Hubertusorden, an der Seite das Reichsschwert des Königreichs Bayern, das die oberste Gerichtsbarkeit symbolisiert.
Die Hand stützt er aufein Präsentationskissen, auf dem die erst später in Paris gefertigte Krone ruht. Sie ist weder von ihm selbst noch von seinen Nachfolgern jemals für einen Krönungsakt verwendet worden und diente nur dem Staatszeremoniell.
Max I. Joseph, dargestellt als selbstbewusster Herrscher, war in Wirklichkeit ein gutmütiger, wenn auch schwer zu berechnender Charakter. Jovial und freundlich begegnete er den Menschen, aber er zeigte sich auch wankelmütig und beeinflussbar. Ausdauer in den Staatsgeschäften war nicht seine Sache. Er verfügte aber über einen wachen politischen Instinkt und einen gesunden Menschenverstand. Politisch war er geprägt von der französischen Aufklärung und von freimaurerischen Ideen, die für die Reformpolitik der Ära Montgelas wegweisend waren. Sein zunächst bürgernahes Regierungsverständnis, nach dem er als oberster Diener des Staates seine Pflicht zu erfüllen habe, ließ ihn als modernen Monarchen erscheinen, der ganz dem Geist seiner Zeit entsprach.

Bayern ging in die Folgejahre mehr und mehr als unfreiwilliger Verbündeter Frankreichs, dem jedoch politische Alternativen fehlten. Der Russlandfeldzug des Jahres 1812, der in einem Fiasko für Napoleon und seine Verbündeten endete und etwa 30 000 bayerischen Soldaten den Tod brachte, führte schließlich den Umschwung herbei:
In Geheimverhandlungen bereiteten Montgelas und Feldmarschall Wrede den Bündniswechsel vor: Am 8. Oktober 1813 wurde in Ried der Bündnisvertrag mit Österreich geschlossen, in dem sich Bayern vom Rheinbund lossagte und seine Armee dem österreichischen Oberkommando unterstellte. Im Gegenzug dafür erhielt Bayern seine ungeschmälerte Souveränität zugesichert und seinen territorialen Besitzstand im bisherigen Umfang garantiert. Bayern hatte den Wechsel so rechtzeitig vollzogen, dass es beim Befreiungskrieg gegen Napoleon und den Siegen der europäischen Alliierten von Leipzig bis Waterloo auf der richtigen Seite stand und daraus ebenfalls seinen Gewinn zog.
So konnte es in die Verhandlungen des Wiener Kongresses gehen, der die Landkarte Europas neu vermaß.

10 Das Königreich

Von 1806 bis 1918 währte das Königreich Bayern. Als Bayerns „glücklichstes Jahrhundert" hat es ein monarchisch gesonnener Historiker gelobt. Die Galerie der Regenten reicht vom Hausvater Max über den Autokraten und Kunstkönig Ludwig I., den Gelehrtenkönig Max II. bis zu Ludwig II., der als Märchenkönig in die Geschichte eingegangen ist, aber als Herrscher seiner Aufgabe nicht gerecht werden konnte.

In der Zeit Ludwigs II. ist die nebenstehende **„Bildergalerie"** entstanden, die das Geschlecht der Wittelsbacher mit Otto dem Großen beginnen lässt. In der Mitte ist das typische Herrscherporträt Ludwigs II. zu sehen, oben Max I. Joseph, links Ludwig I. und rechts Max II. Ringsrum gruppieren sich mehr oder weniger bedeutende Vorfahren, darunter große Herrscher wie Kaiser Ludwig der Bayer oder Kurfürst Maximilian I.
Nach dem dramatischen Tod Ludwigs II. folgte 1886 die lange Ära des Prinzregenten Luitpold, die bis heute gerne als „gute alte Zeit" verklärt wird. Der Abgesang kam 1912 mit Ludwig III., den man wegen seiner landwirtschaftlichen Interessen als „Millibauer" bezeichnet hat.

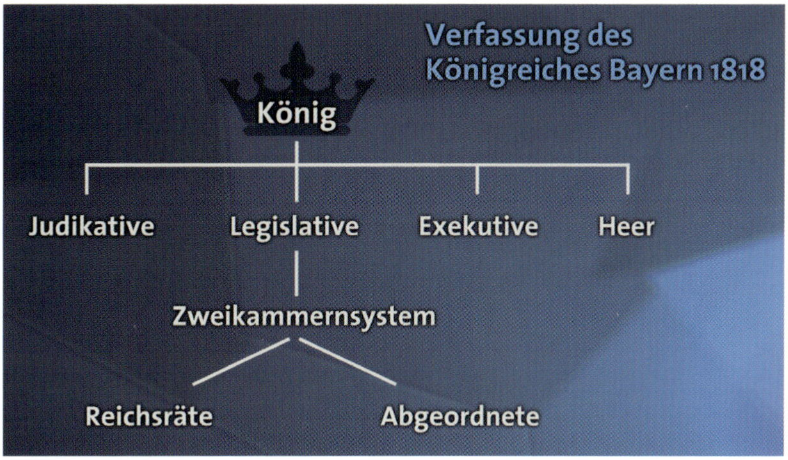

Von Bedeutung war das Königreich Bayern aber auch als früher **Verfassungsstaat**.
Schon 1808 legte Montgelas mit der „Konstitution" einen außerordentlich fortschrittlichen Verfassungsentwurf vor, der allerdings in den unruhigen Kriegszeiten nicht umgesetzt werden konnte. Zehn Jahre später erschien am 26. Mai 1818 zusammen mit zehn Beilagen, die **erste bayerische Verfassung**. Dem negativen Urteil in Österreich und Preußen stand in Bayern der begeisterte Jubel des liberalen Bürgertums gegenüber.
Fortschrittlich waren in der Tat erhebliche Teile der Verfassung: Sie garantierte bürgerliche Freiheit und Gleichheitsrechte und schuf eine Volksvertretung mit klar umschriebenen politischen Funktionen. Sie war zwar Geschenk des Königs, jedoch ein Oktroy, und damit Ausfluss königlicher Souveränität. Die Staatsgewalt blieb so trotz aller Zugeständnisse weiterhin beim Monarchen; theoretisch konnte dieser freiwillige Akt der Verfassungsgebung auch wieder vom König revidiert werden.

Im Titel II § 1 fand das monarchische Prinzip jene klassische Formulierung, die für die konstitutionellen Monarchien des 19. Jahrhunderts bezeichnend war: „Der König ist das Oberhaupt des Staates, vereiniget in sich alle Rechte der Staatsgewalt, und übt sie unter den von Ihm gegebenen in der gegenwärtigen Verfassungs-Urkunde festgesetzten Bestimmungen aus. Seine Person ist heilig und unverletzlich."

In dualistischer Spannung zum Monarchen und in hohem Maße von ihm abhängig befand sich die „Standschaft", die nach dem Vorbild des englischen Zweikammersystems organisierte Volksvertretung. In der **ersten Kammer**, der Kammer der Reichsräte, saßen adelige, erbberechtigte und vom König ernannte Mitglieder. Sie wurde damit zum konservativen Element, Organ einer Adelsgesellschaft und Instrument zur Integration der entmachteten Mediatisierten. Allerdings hat diese Kammer in der Folgezeit keineswegs immer die vom Monarchen erwartete Rolle eines willfährigen Instruments der Krone und der Regierung gespielt.

Die **zweite Kammer**, die Kammer der Abgeordneten, setzte sich aus fünf Gruppen zusammen: Ein Achtel waren adelige Grundbesitzer mit gutsherrlicher Gerichtsbarkeit, die mit 945 Familien etwa 0,12% der Bevölkerung vertraten. Je einen Vertreter entsandten die drei Universitäten Landshut, Erlangen und Würzburg. Die Gruppe der katholischen und protestantischen Geistlichen stellte wiederum ein Achtel der Abgeordneten. Den Städten und Märkten stand ein Viertel der Sitze zu. Schließlich entsandten die Landeigentümer ohne gutsherrliche Gerichtsbarkeit die Hälfte aller Abgeordneten. Gewählt wurde nach einem komplizierten Zensuswahlrecht, das vor allem den Grundbesitz erheblich begünstigte und den Übrigen nur eine sehr eingeschränkte Repräsentation erlaubte.

Die Rechte der Kammern standen noch in der Tradition ständischer Mitwirkung: Steuerbewilligung und Budgetrecht, Gesetzesberatung, Petitions- und Beschwerderecht waren die Kernbereiche. Das Petitionsrecht vor allem wurde zum Hebel, die fehlende Gesetzesinitiative zu ersetzen, die Steuerbewilligung zum Druckmittel für politische Forderungen.

Da bei Verfassungsgesetzen beide Kammern übereinstimmen mussten und alle Gesetze nur nach Unterzeichnung durch den König in Kraft treten konnten, war auch die legislative Gewalt der Kammern erheblich eingeschränkt. Völlig entzogen blieb ihnen die Einwirkung auf die Exekutive. Der König, der autark blieb, ernannte und entließ die Minister, war Oberbefehlshaber des Heeres und leitete auch den aus dem Geheimen Rat entstandenen Staatsrat. Eine Ministeranklage wegen Verletzung der Verfassung war die einzige formale Möglichkeit, auf die Regierung unmittelbar einzuwirken. Demgegenüber besaß der Monarch das Instrument der Vertagung oder Auflösung des Landtags.

Im Spannungsfeld zwischen altem Ständewesen und moderner Volksvertretungbewegte sich das konstitutionelle System Bayerns bis 1918. Dennoch war mit der Verfassung von 1818 ein entscheidender Schritt getan und der Weg zum parlamentarischen System langfristig vorgezeichnet.

Schon die erste **Ständeversammlung**, – feierlich eröffnet am 1. Februar 1819 durch den Monarchen – verlief konfliktreich, obwohl sie von den Liberalen überschwänglich begrüßt und wohl mit übersteigerten Erwartungen bedacht worden war.
Der Strafrechtler Anselm von Feuerbach schrieb damals: „Es ist in sehr vieler Beziehung jetzt eine große Freude, Bayern anzugehören. Man sollte nicht glauben, was ein großes Königswort, unsere Verfassung, in kurzer Zeit für Dinge tun kann. Erst mit dieser Verfassung hat sich unser König Ansbach und Bayreuth, Würzburg, Bamberg usw. erobert."
Die Forderungen vor allem der fränkischen und pfälzischen Liberalen richteten sich nun auf Fortschritte in Politik und Wirtschaft, wie schon bereits in der bayerischen Pfalz. Größere Konflikte entstanden wegen der Forderung, das Heer nicht auf den König, sondern auf die Verfassung zu vereidigen und den Militäretat zu reduzieren.
Statt der von ihnen erwarteten „Bescheidenheit" versuchten besonders die liberalen Abgeordneten, die repräsentativen Elemente der Verfassung zu stärken und den Einfluss der Volksvertretung auszuweiten. Der Monarch und seine Minister dagegen waren ängstlich auf Wahrung der monarchischen Souveränität bedacht. Angesichts der unerwarteten Schwierigkeiten erwog man daher sogar die Aufhebung der Verfassung.
Bereitwillig nahmen die Regierung und der König nun die Hilfe des reaktionären österreichischen Staatskanzlers Metternich an. Der Deutsche Bund, der ursprünglich die konstitutionellen und nationalen Wünsche der Liberalen zu erfüllen schien, wandelte sich zum Instrument der Restauration. Der Mord an dem Schriftsteller Kotzebue bot Metternich die längst erwartete Gelegenheit zum Zuschlagen: Die Karlsbader Beschlüsse von 1819 schränkten die Pressefreiheit ein, reglementierten die Universitäten, verboten die Burschenschaften und lähmten die gesamte Verfassungsbewegung.

Die Hoffnungen der Fortschrittlichen und Liberalen in Bayern richteten sich nun auf den liberalen **Kronprinzen Ludwig**, der 1825 seinem Vater Max I. Joseph nachfolgte.
Allerdings enttäuschte er die Hoffnungen bald und wandelte sich nach 1830 zum Autokraten, zum Selbstherrscher, der sein königliches Amt unbeschränkt im vorrevolutionären Sinn ausüben wollte. Seit dem Hambacher Fest im Jahr 1832 bestimmte die Furcht vor der Revolution sein Handeln als Monarch. Dieses Fest, das erste massive Aufbegehren des liberalen Bürgertums in Deutschland, ist in einer **zeitgenössischen Schrift** (s. S. 114) dokumentiert.

Der aus dem oberfränkischen Hof stammende Jurist und Journalist Johann Georg August Wirth, Organisator und Hauptredner beim Hambacher Fest, verfasste diese Schrift gemeinsam mit einem Redaktionsausschuss.
Das Fest war im Kern eine bürgerliche Protestveranstaltung für die Freiheit der Presse, das nationale Anliegen der liberalen Bewegung, die der staatlichen Einheit und der bürgerlichen Freiheit zum Durchbruch verhelfen wollte. Die Festschrift schildert den Ablauf der Veranstaltung und enthält die meisten der 33 Reden sowie etliche Toaste, Lieder und Grußadressen.

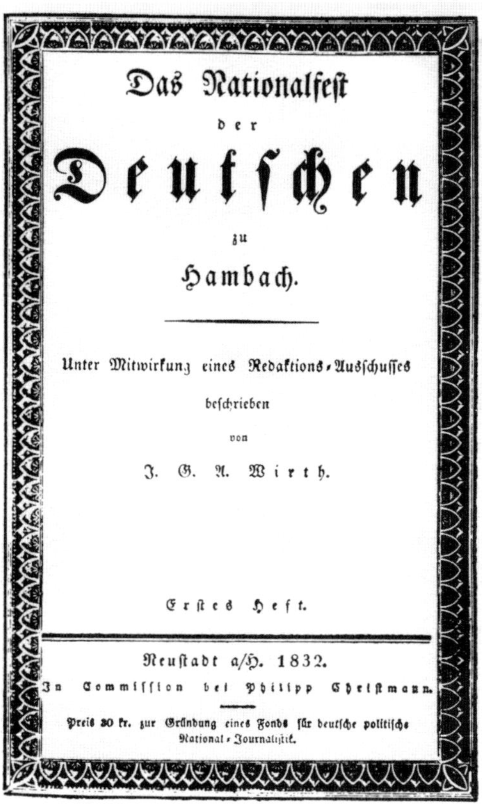
Das Nationalfest

der

Deutschen

zu

Hambach.

Unter Mitwirkung eines Redaktions-Ausschusses

beschrieben

von

J. G. A. Wirth.

Erstes Heft.

Neustadt a/H. 1832.

In Commission bei Philipp Christmann.

Preis 30 kr. zur Gründung eines Fonds für deutsche politische National-Journalistik.

Durchaus radikale Töne werden da angeschlagen. So heißt es einer Stelle provozierend: „Sobald ein Volk der gesetzwidrigen Willkür seiner Regierung einen festen Willen entgegen setzt, ist der Sieg ihm gewiss, und die Niederlage der Regierung unvermeidlich."

Als authentische zeitgenössische Quelle gibt die Hambacher Publikation Atmosphäre, Geist und Zielsetzung dieses „Pressefestes" wie keine zweite wieder. Die Strafmaßnahmen der bayerischen Regierung freilich waren drakonisch und trafen gerade Wirth mit unerbittlicher Härte. Wie viele seiner Mitstreiter wurde er ins Gefängnis geworfen, mit Prozessen überzogen und schließlich in die Emigration getrieben. 1847 kehrte er nach Deutschland zurück und gehörte sogar noch dem ersten deutschen Parlament, der Frankfurter Paulskirche, als Abgeordneter an, allerdings nur für wenige Wochen. Am 26. Juliist er dort, noch nicht fünfzigjährig, gestorben und beerdigt worden, ein Vorkämpfer und Wegbereiter der deutschen Demokratie.

Ludwig I. ließ sich bei seinem Widerstand gegen die verhasste liberale Bewegung wie schon sein Vater von Metternich und dem Deutschen Bund unterstützen. Seine Vorstellung von der Aufgabe eines Monarchen stand der eines Wirth diametral entgegen.

Die 1836 herausgegebene Vaterlandskunde mit dem Titel **„Das Königreich Bayern in seinen acht Kreisen"** enthält ein für Ludwigs Politik programmatisches Titelblatt. Im Zentrum der Darstellung thront auf dem Verfassungsstein, die gekrönte Bavaria, im Schoß die Abzeichen der souveränen Herrschaft des Königs, Schwert und Szepter. In der Linken hält sie das goldene Monogramm Ludwigs, des Beschützers dieser Verfassung, in der Rechten das Füllhorn des Friedens und des Wohlstands. Um diese Symbolfigur des bayerischen Landes schart sich die bayerische „Nation" in all ihren Ständen. In altdeutscher Tracht huldigen Ritter, Bürger und Bauern. Zeichen des Gewerbefleißes sind zu Füßen der Bavariaum eine Spinnerin und eine Schäferin gehäuft. Der Sockel trägt in der Mitte das königliche Wappen mit dem Wahlspruch des Königs „Gerecht und beharrlich". Im Hintergrund ist die Silhouette Nürnbergs,

DAS
KÖNIGREICH BAYERN
IN
SEINEN ACHT KREISEN

Inbegriff einer mittelalterlichen Stadt, zu erkennen, „des Mittelalters treues Bild", wie Ludwig sie selbst genannt hat. Rechts auf einer Anhöhe steht das Bauwerk, das Ludwigs nationales Denken zeit seines Lebens beschäftigt hat, die 1842 eröffnete Walhalla. Das große innere Bild ist umgeben von einem Rahmen aus acht kleineren Einzeldarstellungen, die jeweils die Kreise des Landes mit Wappen und typischem Gewerbe zeigen. Vom Ludwigsmonogramm oben in der Mitte mit den Attributen der Kunst ausgehend, folgen im Uhrzeigersinn: der Oberdonaukreis, das spätere Schwaben, mit dem Augsburger Stadtwappen und dem Gewerbe des Spinnens und Webens; der Regenkreis (Oberpfalz) mit Regensburg und der Jagd; der Untermainkreis mit Würzburg und dem Weinbau; der Rheinkreis (Pfalz) mit Speyer und dem Schmiedehandwerk; der Obermainkreis (Oberfranken) mit Bayreuth und einem Bergmann; der Rezatkreis mit Ansbach und dem Anbau von Getreide, Hopfen und Tabak; der Unterdonaukreis (Niederbayern) mit Passau und der Schifffahrt und schließlich der Isarkreis (Oberbayern) mit dem Münchner Kindl und der Almwirtschaft.
Dieser kolorierte Kupferstich stellt eines der dichtesten und anschaulichsten Bildprogramme der königlichen Integrationspolitik dar, mit der Ludwig die verschiedenen Landesteile ebenso wie die Menschen aller Schichten zusammenführen wollte. Die Nation sollte sich in Treue um den Thron scharen, die ständische Gesellschaft hatte in diesem Geschichtsbild ihren festen Platz, ein von einem romantischen Mittelalterideal geprägter Patriotismus überwölbte alle Unterschiede von Ständen und Regionen. Die Walhalla und das alte Nürnberg fungierten als geschichtliche Symbole und lieferten Modelle für die nationale und patriotische Erziehung des Volkes, wie Ludwig I. sie anstrebte. Bauten, Denkmäler, Gemälde und auch dieses Titelblatt propagierten letztlich das Ideal von der ungestörten Harmonie zwischen monarchischer Herrschaft, bayerischem Staatspatriotismus und „teutschem" Nationalbewusstsein.

Über der Affäre mit der Tänzerin Lola Montez geriet Ludwigs Königtum endgültig ins Wanken. 1848 entfachte die französische Februarrevolution auch in Bayern das revolutionäre Feuer. Anfang März kam es in München, aber auch in anderen Orten, vor allem in der Pfalz und in Franken, zu Unruhen. Am 6. März versprach der König die Einberufung des Landtags und die Erfüllung zentraler liberaler Forderungen, darunter auch die Pressefreiheit. Als der neue Innenminister, der liberale Regensburger Bürgermeister Freiherr von Thon-Dittmer, die Einbürgerung der inzwischen aus München geflüchteten Favoritin des Königs ohne dessen Zustimmung aufhob, war Ludwig der Thron endgültig verleidet.

Am 20. März wandte er sich in einer eigenhändig verfassten **Erklärung** an die Bevölkerung: Bayern! Eine neue Richtung hat begonnen, eine andere als die in der Verfassungsurkunde enthaltene … Ich lege die Krone nieder zu Gunsten meines geliebten Sohnes des Kronprinzen Maximilian. Treu der Verfassung regierte Ich; dem Wohle des Volkes war mein Leben geweiht, als wenn Ich eines Freystaats Beamter gewesen, so gewissenhaft ging Ich mit dem Staatsgute, mit den Staatsgeldern um … Und nun Meinen tief gefühlten Dank Allen, die Mir anhingen …

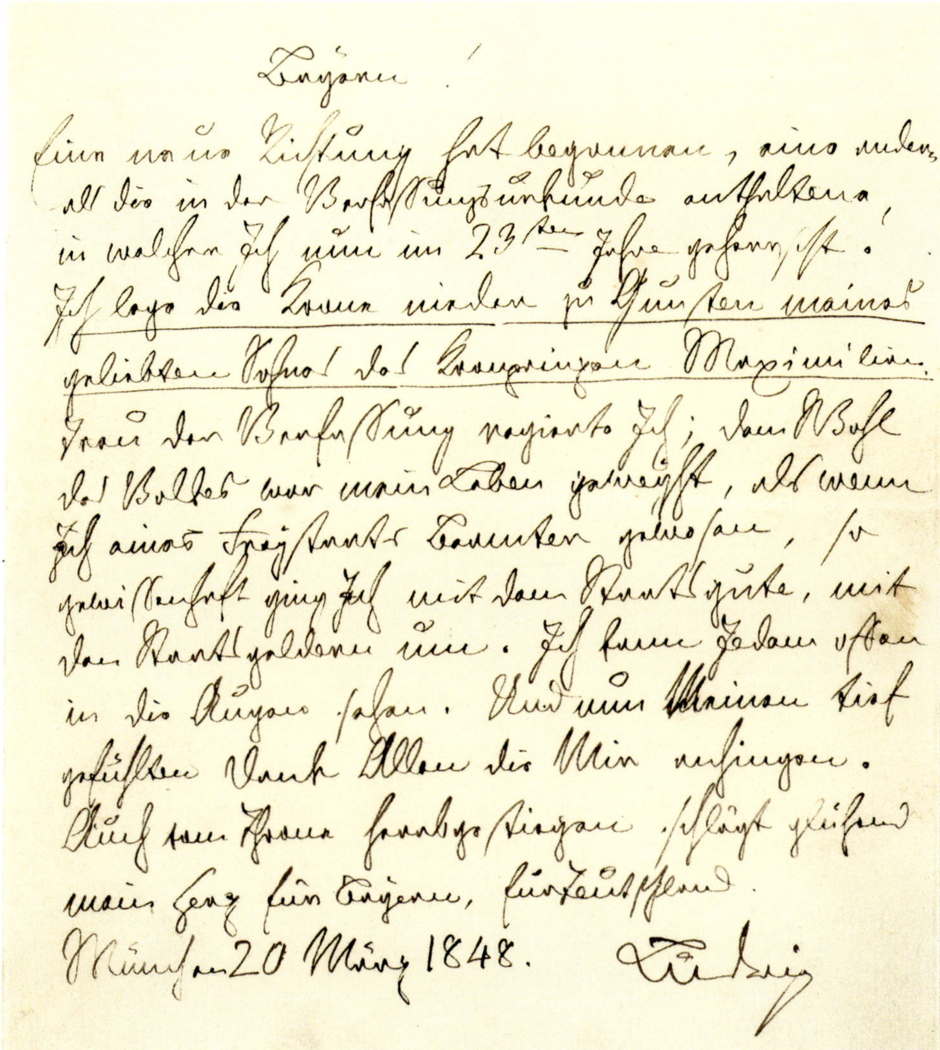

Bayern!
Eine neue Richtung hat begonnen, eine andere,
als die in der Verfassungsurkunde enthaltene,
in welcher Ich nun im 23ten Jahre geherrscht.
Ich lege die Krone nieder zu Gunsten meines
geliebten Sohnes des Kronprinzen Maximilian.
Treu der Verfassung regierte Ich; dem Wohl
des Volkes war mein Leben geweiht, als wenn
Ich eines Freistaates Beamter gewesen, so
gewissenhaft ging Ich mit dem Staatsgute, mit
den Staatsgeldern um. Ich kann Jedem offen
in die Augen sehen. Und nun Meinen tief
gefühlten Dank Allen die Mir anhingen.
Auch vom Throne herabgestiegen, schlägt glühend
mein Herz für Bayern, für Teutschland.
München 20 März 1848. Ludwig

Im Brief an seinen Sohn Otto, den griechischen König, eine Woche später klang das ganz anders: „... Die Empörung siegte, mein Thron war verschwunden. Nach unserer Verfassung, in welcher das Monarchische Prinzip waltete, herrscht und regiert der König, das aber konnte Ich nicht mehr seyn, nachdem die Empörung gesiegt ..." Zweifel an der Richtigkeit seiner Verfassungsinterpretation gab es für Ludwig nicht.

Politisch ist er mit diesem anachronistischen Konzept einer vorrevolutionären Gesellschaft gescheitert. Sein Kulturkönigtum hat dennoch das Gesicht Bayerns nachhaltig geprägt, mit zahlreichen Bauten und Denkmälern in allen Landesteilen, mit der Wiederherstellung vieler Klöster, mit der Verlegung der Universität von Landshut nach München und mit seinem philhellenistischen Engagement, dem nachdrücklichen Eintreten der Befreiung Griechenlands von der Herrschaft des Osmanischen Reiches.

Die Revolution von 1848 hatte weder die Einheit Deutschlands noch die Freiheit gebracht. Nach einer kurzen liberalen Phase griff auch Ludwigs Sohn und Nachfolger **Maximilian II.** wieder zu den Mitteln einer restaurativen Politik, der Überwachung und Kontrolle. Zugleich bemühte er sich um die „Hebung des Nationalgefühls"; die Bayern-Hymne, das Bayerische Nationalmuseum und das Maximilianeum in München zeugen bis heute davon. Im Bündnis mit anderen deutschen Mittelstaaten, allen voran Sachsen, wollte Maximilian das „Dritte Deutschland" zusammenführen. Es sollte, so das Ziel dieser „Trias-Politik", neben und mit den beiden deutschen Großmächten Preußen und Österreich-Ungarn ein gleichrangiger politischer Faktor werden. An der überlegenen Machtpolitik Otto von Bismarcks sind diese Pläne gescheitert.
Als nach dem frühen Tod Maximilians II. der jugendliche **Ludwig II.** 1864 mit gerade 18 Jahren sein Amt antrat, war er auf die schwierige Aufgabe, die ihn erwartete, weder vorbereitet noch ihr gewachsen.
Nach der Niederlage im deutschen Bruderkrieg von 1866 wurde Österreich-Ungarn aus Deutschland verdrängt. Die kleindeutsche Lösung mit Preußen als Führungsmacht setzte sich 1870 nach dem erfolgreichen deutschen Waffengang gegen Frankreich durch.
Bayern war damit **Teil eines Deutschen Reiches**, das der bayerische König Ludwig II. innerlich ablehnte. Gleichwohl hat er den sogenannten Kaiserbrief geschrieben, der dem preußischen König Wilhelm I. die Übernahme der Kaiserwürde antrug und dafür Ludwig, dem bauwütigen König, sechs Millionen Gulden aus Bismarcks Geheimschatulle einbrachte.
In der bayerischen Kammer der Abgeordneten rang man wochenlang um eine Entscheidung. Bei den Gegnern ging das Wort vom „Finis Bavariae", dem Ende Bayerns, um.

Die Abneigung gegen das Reich verstärkte sich ganz erheblich, als mit Wilhelm II. 1890 ein wenig diplomatischer Kaiser auf den Thron des Reiches gelangte.
Eine **Bildpostkarte** ist repräsentativ für die antipreußische Stimmung vor allem des konservativ-katholischen Teils der bayerischen Bevölkerung und einer Mehrheit in der Kammer der Abgeordneten. Bild und Text enthalten alle Argumente und ikonografischen Elemente, die gegen eine preußische Dominanz im Wilhelminischen Reich im Schwange waren:
Ein feldmarschmäßig ausgerüsteter bayerischer Infantrist hält eine bayerische Fahne hoch, die das Motto der Karte im Aufdruck enthält. Zum Widerstand entschlossen, umfasst seine Linke ein Gewehr mit aufgepflanztem Bajonett. Zu seinen Füßen sind als Symbole für die bayerische

Sonderstellung eine Eisenbahn, eine auf Entenfüßen laufende Briefmarke und eine Reihe marschierender Soldaten mit Pickelhelmen zu erkennen, die geradewegs in das Maul eines Ungeheuers marschieren.

Die Karte bringt die bayerischen Reservatrechte ins Bild, die Bayern 1870 zugesichert worden waren und die zunehmend durch die Reichspolitik ausgehöhlt werden: die Selbstständigkeit von Bahn, Post und Armee. Die 1867 eingeführte 10-Pfennig-Marke mit dem Landeswappen war besonders populär; 1912 wurde das Wappen gegen den Kopf des Prinzregenten ausgetauscht, um einem reichseinheitlichen Motiv zuvorzukommen.

Die bayerische Armee war seit 1870 organisatorisch ein selbstständiger Teil des Reichsheeres und unterstand in Friedenszeiten dem Oberkommando des bayerischen Königs. Dennoch war der preußische Druck auf Angleichung in Organisation und Ausstattung ganz erheblich, wie etwa 1888 die Einführung der ungeliebten Pickelhaube oder die regelmäßigen Inspektionen des bayerischen Heeres durch preußische Militärs belegen.

Ein unersättlicher Drache mit der unmissverständlichen Aufschrift „Gross-Preussen" liegt dem „bayerischen St. Georg" gegenüber, den Kopf von einer überdimensionalen Pickelhaube bedeckt, ein Höllentier, das alle negativen Symbole aus Apokalypse und Heldensage in sich vereinigt. Das Gedicht im oberen Teil der Karte verweist auf die bayerischen Reservatrechte, die bedroht sind durch das „überpreußische Einheitsreich".

So überspitzt diese Forderungen auch wirken mögen, sie verweisen auf das Spannungsfeld zwischen dem bayerischen Selbstständigkeitswillen und dem wachsenden Einheitsdruck des Reiches, auf den Widerspruch zwischen dem föderalistischen Kern der Reichsverfassung und dem persönlichen, preußisch-militaristischen Regiment Wilhelms II., der 1914 mit dem Beginn des 1. Weltkrieges auch den Oberbefehl über die bayerische Armee übernahm.
Diese preußische Hegemonie war freilich nur möglich, weil in Bayern reichstreue Minister und eine nationalliberale Spitzenbürokratie diese Politik gegen Landtag und Monarchen durchsetzte. So fand in Bayern der Kulturkampf mit massiven Eingriffen in die kirchliche Sphäre ebenso statt wie die Verfolgung der Sozialdemokraten durch das Sozialistengesetz.

Die dominierende Persönlichkeit zwischen 1870 und 1890 war der Unterfranke **Johann von Lutz**, der seit 1867 ohne Unterbrechung der Regierung angehörte und seit 1880 den Vorsitz im Ministerrat führte. Er ist sicher einer der bedeutendsten und einflussreichsten bayerischen Politiker im 19. Jahrhundert gewesen, „ein ins Beamtenmäßige übersetzter, verkleinerter bürgerlicher Montgelas". Nationalliberal und staatskonservativ, war er Exponent einer politischen Führungsschicht, die ihre Macht weder mit dem Parlament noch mit dem Monarchen zu teilen bereit war, ein Umstand, der auch bei dem tragischen Ende Ludwigs II. im Jahre 1886 nicht ganz außer Acht gelassen werde darf.

Ein Grundproblem des konstitutionellen Systems kam so zum Tragen: die Schwäche der Parteien und die Stärke der Regierungen, die sich angesichts des abnehmenden Herrschaftswillens der Regenten gemeinsam mit ihren Bürokratien zum eigentlichen Machtzentrum entwickelten. Ein Blick auf die Parteienstruktur und die Stimmenverteilung bei den Wahlen des Jahres 1893 ist dazu hilfreich.

Die **Ergebnisse der 17. Wahlperiode** wiesen gegenüber vorangegangenen Wahlen eine Besonderheit auf, weil erstmals die kurz zuvor in Bayern gegründete Sozialdemokratische Partei mit 5 Sitzen in der Abgeordnetenkammer vertreten war. Damit hatte die Arbeiterbewegung, die im Zuge der Industrialisierung erhebliche Bedeutung gewonnen hatte, endlich ihre, wenn auch bescheidene parlamentarische Repräsentanz. Der große gelbe Block stellt die liberale Partei dar, die national und reichsfreundlich ausgerichtet war und die bayerische Politik dominierte.
Die demokratische Tradition des Liberalismus vertrat ein Abgeordneter der Volkspartei.
Eine bayerische Besonderheit war der Bayerische Bauernbund (BBB) mit seinen drei Abgeordneten. In ihm fanden sich 1885 Vertreter des Mittel- und Kleinbauerntums zusammen, die föderalistisch, demokratisch und antiklerikal gesonnen waren.

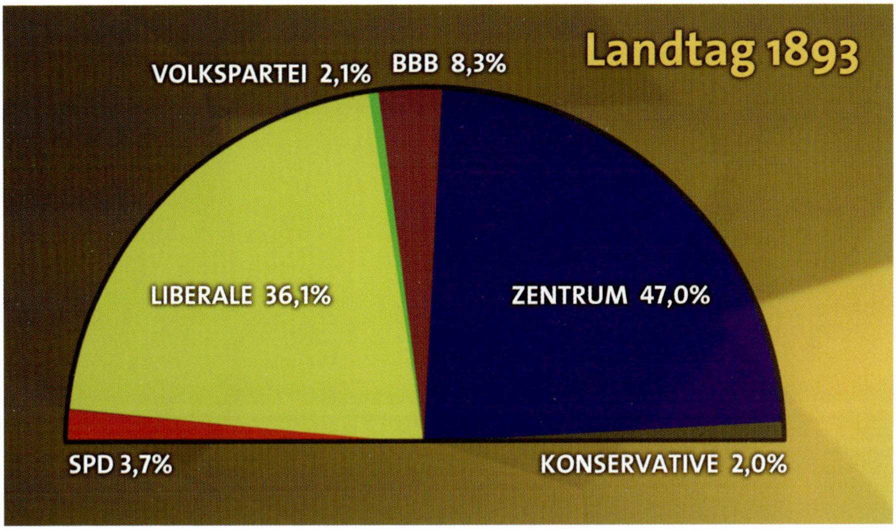

Die Mehrheit der Stimmen und Sitze hatte von 1869 bis 1918 die Patriotenpartei, die sich ab 1887 Bayerisches Zentrum nannte. In ihr hatten sich die unterschiedlichen konservativ-katholischen Kräfte des Landes zusammengefunden. Trotz einer klaren Mehrheit konnte die Partei keinen angemessenen politischen Einfluss nehmen, weil das politische System stagnierte. So konnte die Mehrheitspartei nicht die Regierungsbildung bestimmen, sondern der König ernannte und entließ weiterhin die Minister.
Auch in der oft als „gute alte Zeit" verklärten Regierungsepoche des **Prinzregenten Luitpold** herrschten eine Ministeroligarchie und die Geheimkanzlei des Regenten, zumal der leutselige und volkstümliche Herrscher eine deutliche Distanz zur Politik zeigte.
Sein Sohn **Ludwig**, der 1912 Regent wurde und sich 1913 in einem fragwürdigen Gesetz zum König erklären ließ, folgte 1914 als begeisterter Befürworter dem deutschen Kaiser in einen Krieg, an dessen Ende nicht nur ein Desaster für Deutschland, sondern auch das Ende der Monarchie stand.
Die Parlamentarisierung des konstitutionellen Systems, die wenige Tage vor der Revolution noch ins Werk gesetzt werden sollte, kam zu spät, um die konstitutionelle Monarchie und die Herrschaft der Wittelsbacher zu retten. Zu groß waren der Ansehensverlust der Monarchie, die erbitterte Volksstimmung über den anhaltenden Krieg und die Notlage der Menschen, die sich seit 1917 immer häufiger mit Streiks zu Wehr setzten.
So haben das Versagen der bayerischen Monarchie, die Stagnation des politischen Systems und nicht zuletzt die Schreckenserfahrung des 1. Weltkrieges schließlich auch das Königreich Bayern sang- und klanglos enden lassen.

11 Vom Roten Freistaat zur Braunen Reichsprovinz

„Eine Revolution kommt nicht über Nacht, auch nicht in Bayern", hat vor Jahrzehnten der namhafte Landeshistoriker Karl Bosl provozierend formuliert.

Die nebenstehende **Bildpostkarte** scheint das Gegenteil zu suggerieren. Ein verduzter Münchner Bürger betrachtet von einer Anhöhe aus die veränderte Szenerie seiner Stadt. Ratlos kratzt der selbstzufriedene, wohlgenährte Altbayer seinen Bart. Auch sein Begleiter, der unvermeidliche Dackel, schaut gespannt auf die Stadt. Dort ist offensichtlich etwas geschehen, was die Aufnahmefähigkeit von Herr und Hund gleichermaßen übersteigt: Die Frauentürme, Wahrzeichen des katholischen Bayern, sind von zwei Kommunistenkappen bedeckt. Damit ist im Stil der satirischen Zeitschrift „Simplicissimus" ein einschneidendes historisches Ereignis kommentiert und über ein Massenmedium, die lithografierte Postkarte, an ein breites Publikum gebracht worden.

Die Monarchie war abgeschafft, Bayern standen nun nahezu eineinhalb **Revolutionsjahre** bevor. Über die Ursachen dieser Revolution ist viel diskutiert und spekuliert worden. Die Anhänger der Monarchie hätten sie gerne als Verschwörung der Linken abgetan. Aber die Wurzeln lagen tiefer: Die Immobilität der Herrschaftseliten und das Ausbleiben politischer Reformen waren ebenso ursächlich wie die zunehmende Polarisierung der politischen Kräfte. Auf diemassiven Veränderungen in der Sozialstruktur sowie die Entstehung von Parteien und Organisationen fanden die Regierenden keine angemessenen Antworten. Den letzten Anstoß zum Aufbegehren gab schließlich der Erste Weltkrieg. Die Kriegsmüdigkeit und die wachsende Notlage der Bevölkerung lösten eine zunehmende Preußenfeindlichkeit aus und beschleunigten den Autoritätsverlust des Monarchen, der auch für den unheilvollen Krieg verantwortlich gemacht wurde.

Der 8. November 1918 stellt in der Geschichte Bayerns eine tiefe Zäsur dar. Durch die **Revolution** wurde die Herrschaft der Wittelsbacher, die Bayern seit 1180 regierten, jäh beendet und die Monarchie endgültig abgeschafft.

Aus einer Protestveranstaltung heraus übernahm **Kurt Eisner**, der als USPD-Führer schon vorher Streiks organisiert hatte, in einem revolutionären Akt die Herrschaft, ohne dass sich für den König und seine Gefolgschaft auch nur eine Hand zur Verteidigung gehoben hätte. Die Kriegsmüdigkeit der Soldaten und die Entschlusskraft der Revolutionäre ließen diesen Coup gelingen. Die verunsicherte Regierung dankte ab, der König floh zunächst nach Wildenwart am Chiemsee, später aufseine Güter in Ungarn.

Eisner verfasste noch in der Nacht zum 8. November eine Proklamation, die die Bürger der Stadt München am Morgen unmissverständlich über die neue Situation aufklärte.

„An die Bevölkerung Münchens!
Das furchtbare Schicksal, das über das deutsche Volk hereingebrochen, hat zu einer elementaren Bewegung der Münchner Arbeiter und Soldaten geführt. Ein provisorischer Arbeiter-, Soldaten- und Bauernrat hat sich in der Nacht zum 8. November im Landtag konstituiert. Bayern ist fortan ein Freistaat. Eine Volksregierung, die vom Vertrauen der Massen getragen wird, soll unverzüglich eingesetzt werden. Eine konstituierende Nationalversammlung, zu der alle mündigen Männer und Frauen das Wahlrecht haben, wird so schnell wie möglich einberufen werden. Eine neue Zeit hebt an! ..."

Eisners Revolutionsregierung stützte sich zunächst auf ein Mischsystem von Arbeiter-Bauern-und Soldaten-Räten und ein Parlament. Die erste Wahl vom Januar 1919 allerdings endete für Eisner, der als erster Ministerpräsident des Freistaats Bayern ins Rennen gegangen war, desaströs, wie die **Wahlgrafik** erkennen lässt.

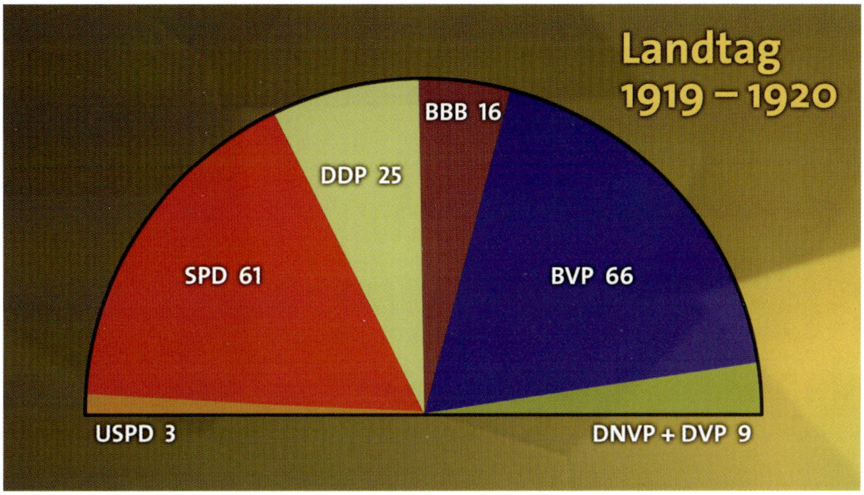

Eisners Unabhängige SPD (USPD) erlitt mit 2,5 % der Stimmen und 3 Sitzen eine vernichtende Niederlage. Die Mehrheitssozialdemokraten (SPD) errangen immerhin 33 % Stimmenanteil und 61 Mandate. Groß war dennoch ihre Enttäuschung, dass sie hinter der neu gegründeten katholisch-konservativen Nachfolgepartei des Bayerischen Zentrums, der Bayerischen Volkspartei (BVP) zurückblieb, die 35 % und 66 Mandate errang. Die linksliberale Deutsche Demokratische Partei (DDP) war mit 26 Sitzen im Parlament vertreten, der Bayerische Bauernbund (BBB) immerhin mit 16 Abgeordneten. Die Nationalliberalen verfügten über 9 Sitze.

Auf dem Weg zum Landtag, mit seiner Rücktrittserklärung in der Tasche, wurde Eisner am 21. Februar von dem fanatischen Grafen Arco ermordet, der den Juden und „Bolschewisten" hasste und für einen Vaterlandsverräter hielt. Eine Stunde später wurde durch ein Attentat im Landtag der Führer der SPD, Erhard Auer, schwer verwundet, zwei andere Personen kamen zu Tode.
Die Revolution erfuhr nun eine erhebliche Radikalisierung. Während sich in München ein **Rätesystem** mit einem Zentralrat etablierte, floh die am 17. März vom Landtag gewählte Regierung unter Leitung des sozialdemokratischen Ministerpräsidenten Johannes Hoffmann nach Bamberg. Nach der nur eine Woche dauernden anarchistischen Herrschaft Tollers, Mühsams, Landauers und anderer Schwabinger Literaten übernahm im April 1919 eine **kommunistische Räteregierung** das Heft, die Bayern nach russischem Vorbild umgestalten wollte. In dieser radikalsten und blutigsten Phase der Revolution wurde eine Rote Armee aufgestellt und das Bürgertum entwaffnet. Man requirierte Wohnungen, nahm politische Gegner fest und ermordete sogar Geiseln. Um weitere Umsturzversuche zu unterbinden, wurde ein zehntägiger Generalstreik ausgerufen. Er endete am 21. April.

ARBEITER! SOLDATEN!

Die Versammlung der Betriebs- und Soldatenräte im Hofbräuhaus am 21. April 1919 hat beschlossen, den Generalstreik am Dienstag nachts 12 Uhr für beendigt zu erklären.

Der letzte Tag des Generalstreiks

Dienstag, den 22. April 1919

soll zu einer wuchtigen Demonstration des Münchener klassenbewußten Proletariats werden.

Es ruhen sämtliche Betriebe

mit Ausnahme von Eisenbahn, Post, Telegraph und Telephon, Gas-, Wasser- und Elektrizitätswerk, Feuerwehr, Friedhofsarbeiten. Großmarkthalle und Lebensmittelgeschäfte sind ab 10 Uhr vormittags geschlossen. Brauereien, Eiswerke und Konsum-Anstalten haben ab 12 Uhr mittags den Fuhrbetrieb einzustellen. Milchgeschäfte und Milchfuhrwerke sind vom Streik ausgeschlossen. – Die Straßenbahn verkehrt an diesem Tage nicht.

Die Arbeiterschaft hat selbst für die Durchführung dieser Bestimmungen zu sorgen!

Um 11 Uhr: Truppenschau sämtl. bewaffneter Arbeiter und Soldaten vor dem Kriegsministerium in der Ludwigstraße

Um 3 Uhr: 11 grosse öffentliche Versammlungen

in folgenden Sälen: ***Arzberger Keller,*** Nymphenburgerstraße; ***Bürgerbräukeller,*** Rosenheimerstraße; ***Hofbräuhaus-Festsaal,*** Platzl; ***Löwenbräukeller,*** Stiglmayrplatz; ***Mathäser-Festsaal,*** Bayerstraße; ***Münchner Kindlkeller,*** Rosenheimerstraße; ***Kathol. Gesellschaftshaus*** (Kreuzbräu), Brunnstraße; ***Schwabingerbräu,*** Leopoldstraße; ***Thomasbräu,*** Kapuzinerplatz; ***Tonhalle,*** Türkenstraße; ***Wagnersaal,*** Sonnenstraße. Die Betriebs- und Soldatenräte verteilen sich auf die einzelnen Säle.

5 Uhr: Massenversammlung

sämtlicher revolutionärer Arbeiter und Soldaten ***auf der Theresienwiese.***

Die Versammlungsteilnehmer in den obengenannten Sälen ziehen in geschlossenen Zügen dorthin. Nach kurzen Ansprachen bildet sich der

Demonstrationszug

Dieser geht durch die Lindwurm-, Sendlinger-, Theatiner-, Ludwigstraße zum Siegestor, kehrt von da zur Briennerstraße zurück und löst sich vor dem Wittelsbacher Palais in einzelne Trupps auf, welche geschlossen in ihre Sektionslokale, Betriebe, Kasernen abmarschieren. Die Arbeiter-Sängerschaft soll sich gruppenweise auf den Zug verteilen. ***Im Demonstrationszug sind rote Fahnen in möglichst grosser Zahl mitzuführen.***

Die Stadt trägt roten Flaggenschmuck!

Arbeiter, Soldaten! Zeigt der Bourgeoisie, daß ihr fest gewillt seid, das Errungene zu behaupten und den Kampf um eure Freiheit bis zum vollen Sieg durchzuführen!

Hoch die Diktatur des Proletariats!
Hoch die rote Armee!
Hoch die proletarische Weltrevolution!

München, 21. April 1919

Der Vollzugsrat der Betriebs- und Soldatenräte Münchens

Die kommunistische Propaganda erklärte ihn auf einem **Plakat** zur „wuchtigen Demonstration des Münchner klassenbewussten Proletariats". Es kündigte eine Truppenschau, 11 öffentliche Versammlungen, eine Massenversammlung und einen Demonstrationszug an und schloss mit den markigen Formeln: Hoch die Diktatur des Proletariats! Hoch die Rote Armee! Hoch die proletarische Weltrevolution!

Mit bayerischem Militär, Reichstruppen und dem neu aufgestellten Freikorps zog jedoch die Regierung Hoffmann gegen die kommunistische Räteherrschaft in München zu Felde. Am 1. Mai schloss sich ein Belagerungsring um München. Am 4. Mai war der letzte Widerstand der Roten Armee gebrochen. Die Sieger übten gnadenlos Rache. Sie spalteten jedoch die Gesellschaft in feindliche Lager, die sich in den Jahren der Weimarer Republik mit zunehmender Brutalität bekämpften.

Die bleibenden Folgen der Revolution schlugen vor allem im politischen System zu Buche. Die Monarchie musste einer **parlamentarischen Demokratie** weichen, die sich auf das Prinzip der Volkssouveränität stützte. Änderungen traten in der Sozialstruktur ein, wo die traditionellen Führungsschichten der Monarchie nun in gesellschaftliche Rivalität mit den aufsteigenden Vertretern der Arbeiterbewegung gerieten.

Zum prägenden Trauma des konservativen Bürgertums wurde die Erfahrung der radikalen Schlussphase der Revolution.

Ein **Plakat** aus dieser Zeit gibt diese Grundstimmung gut wieder: „Bayern, der Bolschewik geht um! Hinaus mit ihm am Wahltag!“
Ein Mongole im roten Kosakengewand richtet die Brandfackel auf München. Mit der rechten Hand stützt er sich auf das bereits rote Berlin. Der Revolutionär ist schon in seiner Physiognomie landfremd und bedient das Klischee des „zündelnden Mongolen“, mit dem sich antikommunistische und antisemitische Ressentiments bündeln ließen. Dieser Bildtypus wurde bestimmend für die antikommunistische Propaganda der Weimarer Republik und fand auch nach 1945 im Kalten Krieg erneute Verwendung.

Der nach dem Eisner-Mord vertagte und nach Bamberg verlegte Landtag konnte wegen der Wirren zunächst nicht zusammentreten. Am 24. Mai 1919 legte ihm die Regierung den „Entwurf einer Verfassungsurkunde für den Freistaat Bayern" vor. Der Landtag billigte diese zweite Verfassung Bayerns, die sogenannte **Bamberger Verfassung**, am 12. August 1919 mit 165 gegen drei Stimmen der USPD bei einer Enthaltung. Sie war aufgrund der Verzögerung erst nach der Reichsverfassung erlassen worden und stand daher staatsrechtlich hinter dieser zurück. Da die Weimarer Republik insgesamt deutlich zentralistischer ausgerichtet war als das beendete Deutsche Kaiserreich, gehörte die Kritik an ihr, an Preußen und an Berlin zum Grundtenor der bayerischen Politik in diesen Jahren.

Revolutionsangst und die harten Bestimmungen des Versailler Vertrags führten zu einer Radikalisierung des national gesinnten Bürgertums, das sich bald in der **Vaterländischen Bewegung** zusammenfand. Ein maßloser Antikommunismus, ein vehementer Antisemitismus und eine antidemokratische Republikfeindlichkeit, die sich vor allem gegen Berlin und das Preußentum richteten, gewannen nun die Oberhand. Ungestört konnten sich in Bayern rassistische und nationalistische Organisationen etablieren, darunter auch die **Nationalsozialistische Arbeiterpartei** eines Adolf Hitler, militärisch agierende Einwohnerwehren und rechtsradikale Kampfverbände, die auch vor Fememorden und Straßenschlachten nicht zurückschreckten.
Nach dem Kapp-Putsch in Berlin gegen die Reichsregierung wurde 1920 in Bayern der monarchistisch gesonnene Gustav Ritter von Kahr zum Ministerpräsidenten bestellt, der Bayern zu einer „Ordnungszelle" des Reiches formen wollte.
Man war in den Vaterländischen Verbänden davon überzeugt, dass von Bayern ein befreiender Schlag gegen den Sozialismus und gegen die auswärtigen Feinde ausgehen müsse. Die bayerische Regierung gab sich lange Zeit der Illusion hin, die Vaterländische Bewegung für ihre restaurative Politik einspannen zu können, geriet aber bald stärker in Abhängigkeit als ihr lieb war. Eine Stärkung der Staatsautorität erhoffte man sich von Gustav von Kahr, der allerdings mit seiner „vaterländischen, nationalen Politik" bald in heftigen Konflikt mit der Reichsregierung geriet. Deren Vorwurf des Verfassungsbruchs konterte man mit der Dringlichkeit des Kampfes gegen die internationale jüdisch-marxistische Weltanschauung, eines Kampfes, in dem Bayern die Führung zu übernehmen habe. Der Wehrkreiskommandant Otto von Lossow sprach von einem „Einmarsch nach Berlin" und der Ausrufung einer nationalen Diktatur. Oberst Hans von Seißer, der Chef der bayerischen Landespolizei, führte bereits in Berlin Gespräche über den Sturz der Reichsregierung.

Die Gesinnung des typischen Anhängers dieser Politik hat der Karikaturist Karl Arnold im **Simplicissimus**, der führenden satirischen Zeitschrift dieser Zeit, unübertrefflich charakterisiert: Die Karikatur zeigt in Bild und Text das Gebräu aus Monarchismus, Putschismus und Antisemitismus, das die völkische Bewegung der Zwanziger Jahre in Bayern bestimmte. Ein Stück dumpfer Bierseligkeit spricht aus dem geröteten Schnauzbartgesicht; Bierglas und bekrönte Rautenpfeife verweisen auf die gute alte Zeit, die in der Revolution des Jahres 1918 zerbrochen war. In den Augen freilich blitzen bereits gefährlich die Hakenkreuze auf. Im Vierzeiler unterhalb des Bildes werden die Widersprüche dieser Zeit und die innere Gespaltenheit des konservativen Bürgertums auf einen satirischen Nenner gebracht. Zwischen Gemütlichkeit und Randalierwut, zwischen Ordnungssehnsucht und gewalttätigem Antisemitismus pendelte die Stimmung, der Wunsch nach einem Diktator gehörte ebenso zum dumpfen Vokabular der Zeit wie der Marsch auf Berlin und die Rettung Deutschlands von Bayern aus. Hellsichtig spießt Arnold in satirischer Akzentuierung auf, was dem „Dritten Reich" auch in Bayern den Weg bereitet hat.

Getragen von der politischen und wirtschaftlichen Krise des Jahres 1923 gedachte Hitler, nach dem Vorbild Mussolinis einen Marsch auf Berlin zu inszenieren. Den Anlass dazu gab das Verbot des Organs der NSDAP, des „Völkischen Beobachters". Der mit der Durchsetzung beauftragte General weigerte sich, den Auftrag durchzuführen, und unterstellte sich stattdessen Ritter von Kahr, der am 25. September vom Ministerrat zum Generalstaatskommissar ernannt und mit diktatorischen Vollmachten ausgestattet worden war.
Für den Abend des 8. November 1923 lud der Heimatdienst Bayern zu einer großen „Vaterländischen Kundgebung" im Münchener Bürgerbräukeller ein, die als Vertrauenskundgebung für den Generalstaatskommissar gedacht war und diesem ein Forum für eine große Rede bieten sollte. Hitler allerdings, der befürchtete, dass der „Marsch nach Berlin" womöglich gar nicht stattfinden oder ihm dabei nur eine untergeordnete Rolle zufallen werde, riss das Gesetz des Handelns an sich. Kurz vor 21 Uhr, als von Kahr gerade seine Rede vortrug, betrat Hitler in Begleitung des „Stoßtrupps Hitler" den Saal, gab mit dem Revolver einen Schuss in die Decke ab, bestieg das Rednerpodium und rief die „nationale Revolution" aus. Dann bat er Kahr, Lossow und Seißer in ein Nebenzimmer und eröffnete ihnen, der Polizeipräsident von München Ernst Pöhner sei zum Ministerpräsidenten mit diktatorischen Vollmachten bestimmt worden, Kahr zum Landesverweser, er selbst zum Reichskanzler, Ludendorff zum Befehlshaber der neuen „nationalen Armee", Lossow zum Reichswehrminister, Seißer zum Polizeiminister.
In einer „Proklamation an das deutsche Volk" wurden als die Schuldigen die „Novemberverbrecher", die Revolutionäre vom 9. November 1918, und die sozialdemokratischen Reichsregierungen benannt und die neue Regierung sogleich bekannt gegeben. In den Saal zurückgekehrt, verkündete Hitler der Versammlung die Namen der neuen Machthaber. Die anwesenden Minister wurden verhaftet; Kahr, Lossow und Seißer durften den Saal frei verlassen, nachdem sich Ludendorff für ihr Ehrenwort verbürgt hatte, widerriefen aber ihre erzwungene Zusage noch im Verlauf der Nacht und ergriffen Maßnahmen gegen den Umsturzversuch der Nationalsozialisten.
Aufgrund der widersprüchlichen Meldungen herrschte am Morgen des 9. November in München allgemeine Verwirrung und Unsicherheit. „Kampfbund" - Truppen positionierten sich in der Stadt, um dem Putsch militärischen Nachdruck zu verleihen. Um die Mittagszeit setzten sich Hitler, Ludendorff, Göring, Kriebel und Friedrich Weber an die Spitze eines ca. 2000 Menschen zählenden Zuges. Bei der Feldherrnhalle sperrte die Landespolizei die Residenzstraße ab. Gegen 13 Uhr kam der Demonstrationszug hier an und versuchte, sich Durchgang zu verschaffen. Plötzlich begann ein Schusswechsel, der auf beiden Seiten Opfer forderte: vier Polizisten und einen Passanten sowie fünfzehn Putschisten. Ludendorff, der ungerührt zum Odeonsplatz weitermarschiert war, wurde verhaftet, nach einem Verhör jedoch auf freien Fuß gesetzt. Hitler, der nach Uffing am Staffelsee floh, wurde am folgenden Tag festgenommen und in das Landsberger Festungsgefängnis gebracht.

Der **Umsturzversuch Hitlers** war zwar gescheitert, der Aufstieg der NSDAP aber nur für kurze Zeit unterbrochen. Der gescheiterte Marsch auf die Feldherrnhalle wurde in der späteren NS-Propaganda zum heldenmütigen Kampf erklärt, die Opfer stilisierte man zu Blutzeugen. Kahr ging nun gegen die Putschisten vor. NSDAP, „Oberland“, „Reichskriegsflagge“ und das Freikorps Roßbach wurden umgehend verboten, das Vermögen der NSDAP beschlagnahmt. In einer Erklärung rief er am 11. November zur nationalen Tat auf und betonte Bayerns besondere Rolle in dieser schweren Stunde. Der Hitlerputsch freilich hatte Kahrs Plan, das Reich von der „Ordnungszelle Bayern“ aus zu „heilen“, endgültig in Misskredit gebracht und zum Bruch zwischen Konservativen und Völkischen, zwischen BVP und den vaterländischen Verbänden geführt. Da er infolge der Ereignisse an Ansehen und Einfluss verloren hatte, trat von Kahr im Februar 1924 von seinem Amt zurück.

Der Prozess gegen die Hauptverantwortlichen, der am 26. Februar 1924 begann, geriet zur propagandistischen Selbstinszenierung der radikalen Rechten und bot Adolf Hitler ein Forum für seine demagogischen Auftritte. Einflussreiche Regierungskreise um Justizminister Gürtner hatten dafür gesorgt, dass der „Hitlerprozess“ in der Kaserne der vormaligen Infanterieschule an der Blutenburgstraße stattfand und nicht – gemäß Republikschutzgesetz – vor dem Staatsgerichtshof in Leipzig. Er wurde in der Öffentlichkeit mit gespannter Aufmerksamkeit verfolgt, wobei die Sympathie weiter Schichten bis in die bürgerliche Mitte hinein den Angeklagten galt. Der Prozess wurde zur Farce, da die Rollen der Akteure vertauscht zu sein schienen: Staatsanwalt und Richter, fanden anerkennende Worte für Hitlers Motive. Dieser benutzte seine mehrstündigen Verteidigungsreden zur Darlegung seiner politischen Ziele und zu Anklagen gegen die „Novemberverbrecher“ und das Weimarer „System“. Ludendorff übergoss den Katholizismus mit seinen Hasstiraden. Pöhner bekannte unumwunden, dass er und Frick ihre „schützende Hand über Herrn Hitler und die nationalsozialistische Partei“ gehalten hätten. Kahr trug durch sein ungeschicktes Auftreten und seine wenig glaubwürdigen Aussagen dazu bei, die Angeklagten in günstigem Licht erscheinen zu lassen. Am 1. April 1924 wurde das Urteil verkündet: Ludendorff wurde als einziger freigesprochen, Hitler, Pöhner, Kriebel und Weber wurden zu je fünf Jahren Festungshaft in Landsberg am Lech und 200 Goldmark Geldstrafe, die übrigen Angeklagten zu 15 Monaten Festungshaft auf Bewährung und 100 Goldmark Geldstrafe verurteilt. In der milden Haft in Landsberg konnte Hitler seine ideologische Bekenntnisschrift „Mein Kampf“ verfassen. Am 20. Dezember 1924 wurde er bereits begnadigt.
Prozess, Urteil und Begnadigung waren in höchstem Maß rechtsfehlerhaft und strotzten von Rechtsbeugungen. Die rechtsradikalen Kräfte aber feierten sie als verdienten Sieg der nationalen Bewegung.

Trotzig entschlossen und mit dem Ausdruck herausfordernder Selbstsicherheit stellen sich am 1. April 1924 neun Männer, die soeben in einem spektakulären Prozess angeklagt und verurteilt worden waren, dem Fotografen, der mit seinem professionellen Talent die Botschaft von der Unbesiegbarkeit der nationalen Bewegung ins Bild bringt.
Das Foto, ein frühes Beispiel von **Propagandafotografie**, ist zum Schlüsselbild geworden für das Selbstverständnis der völkischen Bewegung in Bayern und die Entschlossenheit der in der „Ordnungszelle Bayern" vereinten rechtsextremen Gruppierungen zum politischen Umsturz. In der Mitte steht in Uniform General a.D. Erich Ludendorff, eine der Galionsfiguren der völkischen Bewegung in Bayern, rechts daneben noch in Zivil, aber schon in strammer Pose Adolf Hitler. Schräg hinter ihm steht Leutnant a. D. Ernst Brückner, der Führer des SA-Regiments München, rechts daneben Hauptmann Ernst Röhm und Leutnant Ernst Wagner. Links von Ludendorff, ebenfalls in Uniform mit Pickelhaube, stellt sich Oberstleutnant a. D. Hermann Kriebel in Positur, leicht verdeckt ist als zweiter Zivilist Dr. Wilhelm Frick, seit 1919 Leiter der politischen Polizei und späterer Reichinnenminister, links neben ihm Friedrich Weber, ein Mitglied des Bundes „Oberland", ganz außen links Ludendorffs Stiefsohn Leutnant a. D. Heinz Pernet. Das ursprüngliche Foto wurde später zum Versand als Postkarte mit Namen und Titelzeile versehen.

Die **Wahlen von 1924** standen durchaus noch unter dem Eindruck dieser Urteilsverkündung. Der Völkische Block, der anstelle der verbotenen NSDAP neu gebildet worden war, zog mit 23 Abgeordneten in den Landtag ein, gleichauf mit den Sozialdemokraten; die **Deutschnationalen** und die **DVP** erhielten 12 Sitze. Federn lassen musste die BVP, die dennoch mit Ministerpräsident Held die künftigen Regierungen bis 1933 anführte.
In der Wahl von 1928 veränderte sich das Bild zugunsten der SPD und des Bauernbundes, wohingegen die wieder zugelassene NSDAP auf 9 Sitze zurückfiel. So konnte man noch 1928 in einem München-Buch lesen: „Auch Hitler ist, nein war (denn er „ist" kaum noch!) eine Saisonerscheinung. Das Stadtbild von München, das er von Fremdstämmigen reinigen wollte, hat ihn verschluckt und verdaut. Er ist nur noch ein historisches Exkrement".
In dieser Phase schien Stabilität einzukehren, auch wenn Bayerns Kampf gegen die zentralistische Weimarer Verfassung nicht erfolgreich war und die heftig geforderte Reichsreform nicht realisiert wurde.

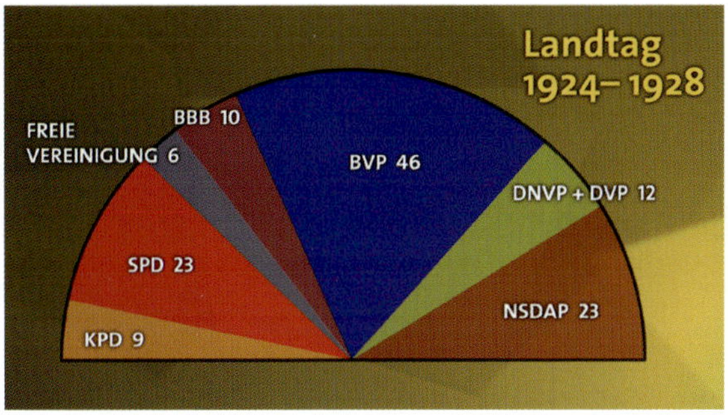

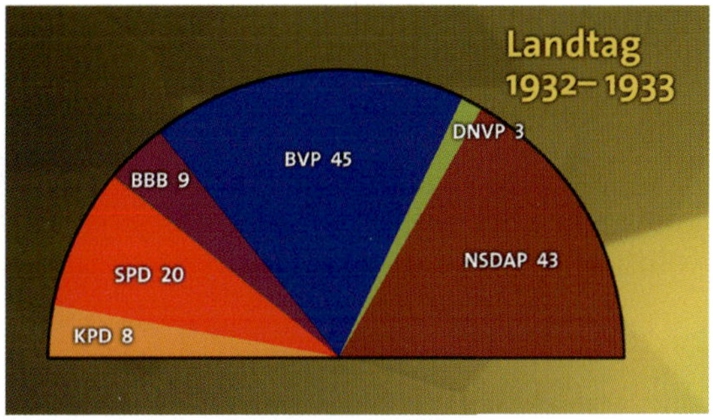

Seit 1930 aber geriet das Land in den Sog der allgemeinen Wirtschaftskrise, die angesichts einer wachsenden Arbeitslosigkeit erneut zur Radikalisierung vor allem auch der jungen Leute führte. Die Sitzverteilung nach den letzten freien **Wahlen vom 24. April 1932** lässt dies deutlich erkennen: Ein erdrutschartiger Sieg der NSDAP hatte zugleich die linken Parteien und den Bauernbund marginalisiert. Hitlers Partei war bis auf 2 Mandate an die BVP herangerückt und hatte die Deutschnationalen weitgehend aufgesogen. Immerhin blieb in Bayern noch eine Mehrheit für die demokratischen Parteien erhalten, während im preußischen Landtag und im Reichstag bereits die Gegner der Republik, KPD und NSDAP, die absolute Mehrheit hatten.
Nach der **Machtergreifung Hitlers am 30. Januar 1933** und der Reichstagsbrandverordnung vom 28. Februar wurde sogar erwogen, Kronprinz Rupprecht als Generalkommissar oder gar als König einzusetzen, um die bayerische Selbstständigkeit zu wahren. Der Gleichschaltung ist Bayern dennoch nicht entgangen. Am 9. März 1933 wurde es als letzter deutscher Staat mit brutaler Gewalt und dem Terror der SA in das Dritte Reich hineingeprügelt.

12 Die Braune Diktatur

Die Geschichte Bayerns ist mit der Entwicklung der Nationalsozialistischen deutschen Arbeiterpartei, der NSDAP, eng verflochten: Hier entstand die „Bewegung", ihre Führungsspitze rekrutierte sich zu einem erheblichen Anteil aus dem Land.
Am 30. Januar 1933 berief Reichspräsident Paul von Hindenburg **Adolf Hitler** als Führer der stärksten Partei zum **Reichskanzler**.
Bereits im Februar 1933 wurden mit der „Verordnung zum Schutz von Volk und Staat" die zentralen Grundrechte aufgehoben. Schon einen Monat später bot das Ermächtigungsgesetz die Grundlage für den Aufbau des zentralisierten Führerstaats und damit die vollkommene Gleichschaltung der Länder. Bereits am 9. Märzhatte der nationalsozialistische Reichsinnenminister einem Reichskommissar die vollziehende Gewalt in Bayern übertragen, der am 10. April formell zum Reichsstatthalter bestellt wurde.
Das Gesetz zum Neuaufbau des Reiches vom 30. Januar 1934 schließlich hob die Hoheitsrechte der Einzelstaaten auf. Der Landtag wurde aufgelöst. Bayern war zum bloßen Verwaltungsgebiet geworden. Zwar gab es weiterhin eine Landesregierung, die aber der Reichsregierung unterstand. Am Ende der nationalsozialistischen Herrschaft bestand sie nur noch aus einer Person und war ein willfähriges Spielzeug in den Händen der braunen Herrscher. Zwischen den eigentlich Mächtigen, dem Gauleiter Adolf Wagner, dem Stabschef der SA Ernst Röhm und dem Polizeipräsidenten von München und späteren Reichsführer SS Heinrich Himmler bestanden allerdings zunächst Spannungen in einem Maße, dass man die Situation sogar als „totalitäres Chaos" beschrieben hat. Dennoch dauerte es nicht einmal ein Jahr, bis die Nationalsozialisten die Existenz Bayerns als selbstständiges Land in einer Mischung aus Gewalttätigkeit und Scheinlegalität beendet hatten. Die juristischen Winkelzüge waren von den verschiedensten Gewaltmaßnahmen begleitet, von der Drohung über die einfache Körperverletzung bis zum Mord und von der zeitweiligen Arrestierung bis zur planmäßigen Massenverhaftung.
Der sogenannte **„Reichsparteitag der Freiheit"** (siehe nebenstehendes Bild) ist hier von einem der damals beliebten Zigaretten-Sammelbilder abgenommen.
Hervorgehoben auf der Rednertribüne in der Mitte ist Adolf Hitler, vor ihm steht die Masse der Anhänger seiner „Bewegung". Im Vordergrund sind die Standarten zu erkennen, die geweiht werden und dann zur Totenehrung Aufstellung nehmen. Diese Bild gewordene Volksgemeinschaft war das ideologische Ziel der Nationalsozialisten, die Reichsparteitage waren propagandistische Höhepunkte in dem Versuch, eine braune Identität zu stiften. Die Kehrseite der Faszination, die viele Menschen überwältigte, war auch hier der Terror des Regimes.

Die Herrschaft des Nationalsozialismus stützte sich von Anfang an auf massive Terrormaßnahmen. Das **Konzentrationslager Dachau** wurde vor den Toren der Landeshauptstadt München schon im März 1933 errichtet und ist zum Symbol für ein ganzes System der Verfolgung und Vernichtung geworden. Dieses in den Baracken einer ehemaligen Munitionsfabrik errichtete „Schutzhaftlager" diente dazu, politische Gegner gefangen zu setzen und jede Form von Opposition von Anbeginn zu ersticken. Bald war Dachau auch von einem System von Außenlagern umgeben, deren Insassen auch als Zwangsarbeiter eingesetzt wurden. Zunächst waren in Dachau überwiegend politische Häftlinge interniert, später wurden neben Juden, „Zigeunern" und oppositionellen Geistlichen weitere dem NS-System unliebsame deutsche Bürger inhaftiert. Den deutschen Internierten folgten in den Jahren 1939 -1945 Häftlinge aus über 31 Nationen, insgesamt ca. 200 000, von denen mehr als 30 000 ermordet wurden.

Die „Münchner Illustrierte Presse" brachte am 16. Juli 1933 ein propagandistisches Sonderheft mit dem Titel „Die Wahrheit über Dachau" heraus. Dort findet sich dieses Foto mit der Unterschrift: „**Frühappell im Erziehungslager**. Disziplin erzieht zu gemeinschaftlich aufbauender Arbeit." Es zeigt in seinem Aufbau eine Art erzwungener Volksgemeinschaft. Tief gestaffelt, in Reih und Glied, stehen die Menschen, zu neuer Ordnung gezwungen, auf dem besten Weg zur Umerziehung. Alle typischen Züge einer propagandistischen NS-Ästhetik und deren Ordnungsprinzipien enthält dieses Bild, das eindeutig von der „Täterperspektive" geprägt ist. Dennoch findet es bis heute unkommentierte Verwendung – auch in Schulbüchern – und verzerrt damit immer noch unsere Vorstellung von der Lagerwirklichkeit.

Das Dritte Reich war auch in Bayern geprägt von Faszination und Terror, die lediglich zwei Seiten einer Medaille darstellten.

München genoss als Geburtsstätte der nationalsozialistischen Bewegung und aufgrund der persönlichen Beziehung Hitlers zu dieser Stadt schon früh eine Sonderstellung, die sich in der am 2. August 1935 als Ehrentitel verliehenen Bezeichnung „Hauptstadt der Bewegung" verdichtete. München rückte damit neben Berlin, Nürnberg, Hamburg und Linz in die Reihe der „Führerstädte" auf, deren bauliche Ausgestaltung Vorrang vor allen anderen Städten des Reiches hatte, und erlebte von 1933 bis weit in die Kriegsjahre hinein eine gesteigerte Bautätigkeit. Schon 1930 hatte die NSDAP das ehemalige Barlow-Palais erworben und zum „Braunen Haus", zur Parteizentrale, umgestaltet. Bereits 1930/31 plante man die „Ehrentempel" für die „Blutzeugen der Bewegung", die beim Hitlerputsch 1923 getöteten sechzehn NS-Gefolgsleute. Am 9. November 1935 wurden die beiden zentralen Bauten des NS-Kults mit der Überführung der sechzehn Leichen und der Aufstellung der acht eisernen Sarkophage eingeweiht. In jährlichen pseudoreligiösen Gedenkfeiern ehrte das Regime hier seine zu Märtyrern hochstilisierten Anhänger aus der „Kampfzeit".

Mit dem „Führerbau" und dem „Verwaltungsbau", zwei Großbauten am **Königsplatz**, schuf man eine repräsentative Fassade für die „Reichsleitung der Partei" und damit ein Parteiviertel, das durchaus als parteipolitisches und ideologisches Gegengewicht zur Regierungshauptstadt Berlin gesehen wurde. Die ideologische Position Münchens als „Hauptstadt der Bewegung" hatte ihr reales Fundament in der Präsenz höchster Parteieinrichtungen in der Stadt, an der Spitze als oberste Zentralinstitution die Reichsleitung der NSDAP.

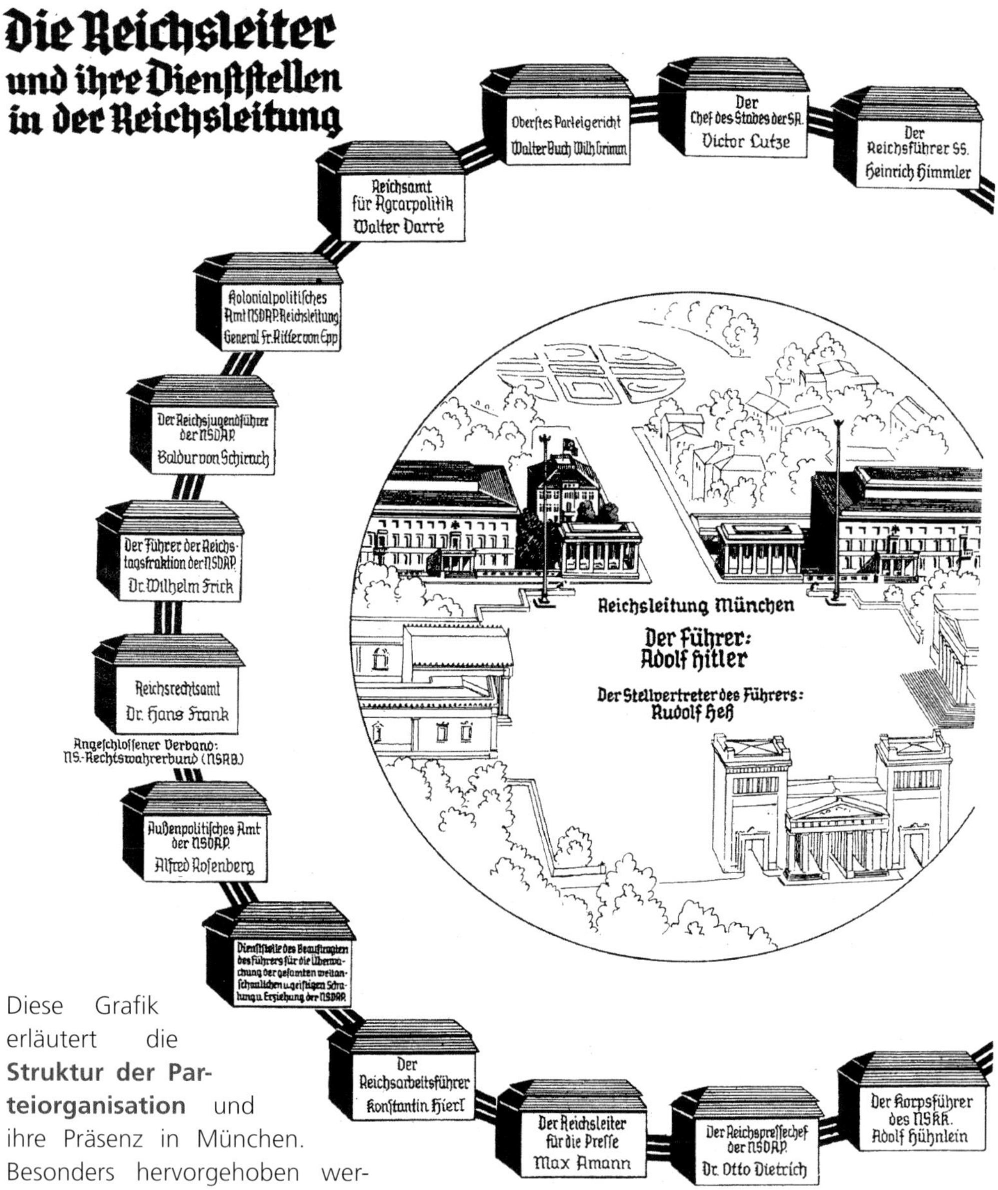

Diese Grafik erläutert die **Struktur der Parteiorganisation** und ihre Präsenz in München. Besonders hervorgehoben werden das „Braune Haus", der „Führerbau", der „Verwaltungsbau" und die beiden „Ehrentempel" am Königsplatz. An der Spitze des hierarchischen Gefüges stand die „Reichsleitung der NSDAP", die auch nach der Machtergreifung in München blieb und damit die Kontinuität zur Frühzeit der Partei wahrte. Gebildet vom Führer, dem Stellvertreter des Führers und den Reichsleitern, die Hitler direkt unterstellt waren, umfasste sie die Spitzenämter der Politischen Organisationen, „Reichsämter", „Hauptämter", „angeschlossene Organisationen", „betreute Verbände" und die „Gliederungen" der Partei.

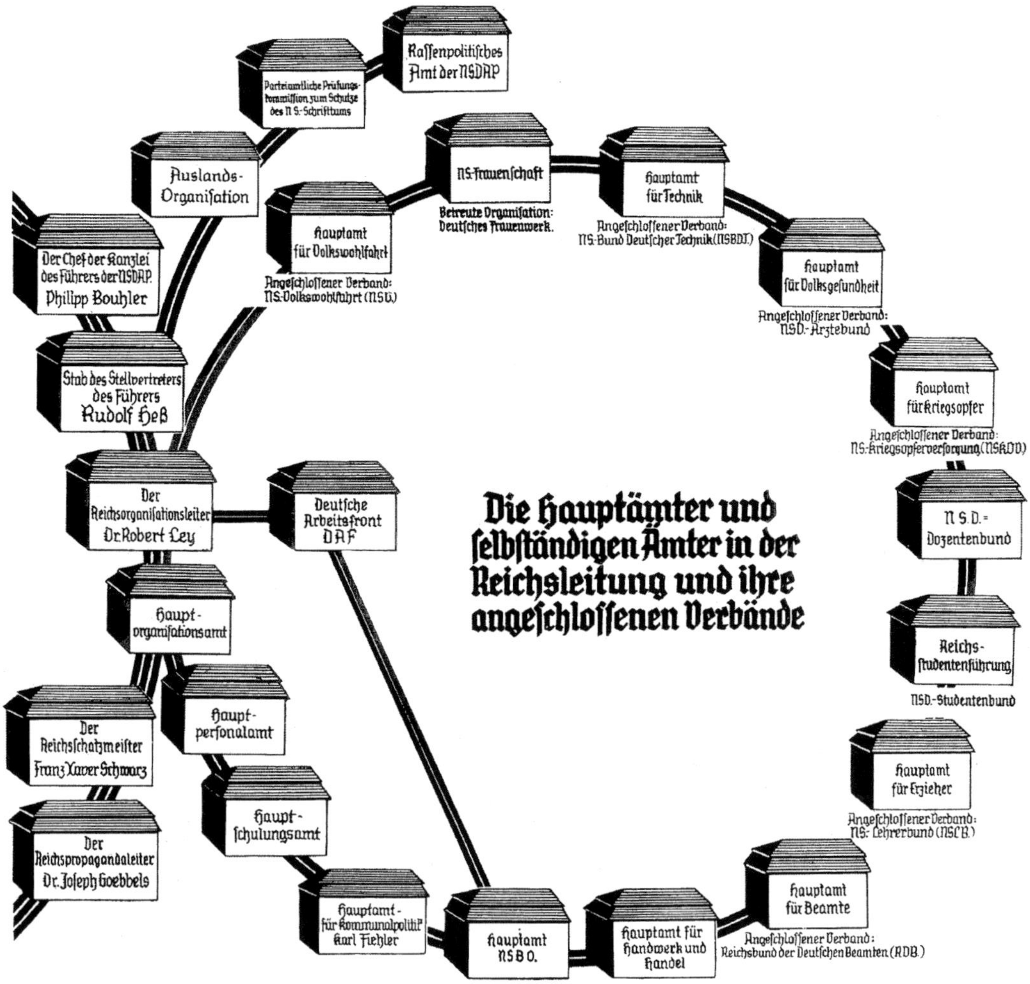

Zu den wichtigsten in München zentrierten Leitungen gehörten der „Stab des Stellvertreters des Führers", der „Reichsschatzmeister", der „Reichsleiter für die Presse", das „Oberste Parteigericht", die Korpsführung für das NSKK sowie die Amtsstellen der „Obersten SA-Führung", der „Reichspropagandaleitung" und der „Reichsführung SS".
Im Jahr 1942 sorgten 5802 Mitarbeiter der Parteileitung, die über enormen Immobilienbesitz verfügte, für das reichsweite Funktionieren der NSDAP. Hier wurden die zentralen Mitgliederkarteien geführt und die Richtlinien für das durchstrukturierte hierarchische System erlassen. Über die „Reichszeugmeisterei" wurden Produktion und Belieferung mit Parteizubehör, die vielen Uniformen und Abzeichen etwa, gesteuert. Daher gab es wohl keine, in den meisten Fällen auch staatlich wirksame Entscheidung der Partei, die nicht über einen der Münchner Schreibtische gegangen wäre.

Münchens zentrale Rolle in der Geschichte des Dritten Reiches und vor allem für die Entwicklung und das Funktionieren seiner Staatspartei hat Spuren auch im Stadtbild hinterlassen, in Ruinenresten ebenso wie in umgewidmeten Bauten, die einer neuen Nutzung zugeführt wurden. Die Steine sprechen bis heute und verlangen nach Erklärung. Ein Dokumentationszentrum wird künftig die Aufgabe übernehmen, Münchens Geschichte als „Hauptstadt der Bewegung", als Ort des Parteikults wie als Ort der Parteiorganisationen, historisch einzuordnen und zu bewerten.

Zu den bevorzugten Orten der Nationalsozialisten gehörte auch **Nürnberg**, einstige Reichsstadt und Hauptort der bayerischen Arbeiterbewegung. Hier hatte die NSDAP bereits 1927 und 1929 ihre ersten Parteitage abgehalten. Damit besaß die Stadt, wie München und Landsberg, die Bedeutung einer „historischen Kampfstätte" und wurde bereits 1933 mit dem Titel „Stadt der Reichsparteitage" versehen. Durch die von 1933 bis 1938 abgehaltenen Reichsparteitage wurde Nürnberg überdies ein Ort nationalsozialistischen Kults, der Machtdemonstration und der Massenmobilisierung.

Neben Sonderstempeln, Sonderbriefmarken, speziellen Telegrammen, verschickt von eigens eingerichteten Sonderpostämtern, gehörten **Ansichtspostkarten** zum festen Bestandteil einer zentral gesteuerten Propagandamaschinerie, die sich bevorzugt des historischen Stadtbildes und vor allem der Kaiserburg bedienten, um die Geschichtsmächtigkeit Nürnbergs für die Ziele der nationalsozialistischen Bewegung zu nützen. Nicht selten verbanden die Fotografien Versatzstücke aus der Geschichte mit Zukunftsvisionen und Elementen des Führerkultes, wie dies die abgebildete Lichtdruckkarte in typischer Weise tut.

In der Mitte thront Hitler gerade über der Kaiserburg, rechts neben ihm Gauleiter Julius Streicher, links Oberbürgermeister Willy Liebel. In einer roten Sonnenscheibe erstrahlt hinter Hitler das Hakenkreuz. Unten zieht ein bunter Kaufmannszug, der an die große Zeit der Wirtschaftsmetropole Nürnberg knüpft. Die Aufschrift „Nürnberg – die Stadt der Reichsparteitage" bezieht sich konkret auf das Jahr 1935. In Nürnberg wurden auf diesem Reichsparteitag die „Nürnberger Gesetze" verkündet, mit denen die rassistische Ausgrenzung der Juden eine formaljuristische Grundlage erhielt.

Widerstand gab es aus den unterschiedlichsten Motiven und von den verschiedensten Gruppierungen, am breitesten der von der Arbeiterbewegung. Auch Repräsentanten der beiden christlichen Kirchen artikulierten ihre Ablehnung ebenso wie einige monarchistische und bürgerlich-konservative Gruppierungen. Die „Weiße Rose", der Kreis um die Geschwister Scholl, Willi Graf und Professor Huber an der Münchner Universität, reagierte in den Jahren 1942 und 1943 bereits auf die Schreckenserfahrungen des 2. Weltkriegs.
Aus einer ähnlichen Motivation handelten auch die Vertreter des militärischen Widerstand und die Angehörigen des Kreisauer Kreises, der auch in Bayern seine Sympathisanten hatte.
All diesen Gruppierungen und politischen Lagern kann man **Georg Elser** nicht zurechnen, der als Einzeltäter aus ethischer Verantwortung handelte.

Schon 1938, als Hitler Österreich besetzt hatte und der Einmarsch in die Tschechoslowakei bevorstand, erkannte dieser württembergische Schreinergeselle, dass Hitlers Weg in den Krieg führt. Deshalb entschloss er sich, den „Führer" mit einer selbstgefertigten Zeitbombe zu töten. Er „präparierte" eine Säule im Münchner Bürgerbräukeller, wo Hitler am 8. November 1939 seine traditionelle Ansprache vor den „Alten Kämpfern" der Partei hielt, mit Sprengstoff. Das Attentat aber schlug fehl, weil Hitler zehn Minuten früher als geplant den Saal verließ. Bei der Explosion wurden sieben Menschen getötet und etwa 60 verletzt. Ein Erfolg hätte nahezu die gesamte Führungsspitze der NSDAP beseitigt und der Welt wahrscheinlich viel Leid erspart. Bei dem Versuch, sich illegal in die Schweiz abzusetzen, fasste man Elser. Er wurde strengstens verhört, nannte aber auch unter Folter keine Hintermänner. Anschließend wurde er in das KZ Sachsenhausen verbracht, 1945 in das Konzentrationslager Dachau überstellt, wo er am 5. April 1945 kurz vor der Befreiung durch amerikanische Truppen „auf höheren Befehl" ermordet wurde.

Die menschenverachtende Brutalität des NS-Staates bekamen von Anfang die Juden am deutlichsten zu spüren. Hitler hatte schon in seiner während der Landsberger Haft 1923/24 entstandenen Programmschrift „Mein Kampf" betont, im Falle einer Machtübernahme eines Tages das Judentum aus dem deutschen Volk „auszumerzen". Vor allem „Das Finanzjudentum", die „jüdische Börsen- und Marxistenpresse", arbeiteten nach seiner Vorstellung an der „wirtschaftlichen Vernichtung", ja der „vollkommenen politischen Versklavung" Deutschlands. Er vertrat damit eine Position, die weit über traditionelle, religiös bestimmte, judenfeindliche Äußerungen hinausging. Von einem primitiven Sozialdarwinismus ausgehend und in der Folge von Theoretikern des 19. Jahrhunderts wie Joseph Arthur Comte de Gobineau oder Houston Stewart Chamberlain beeinflusst, verstand Hitler das Judentum als ethnische Gruppe, als „Rasse", die er vollkommen negativ kennzeichnete.

Beispiele für die Abwertung und Ausgrenzung der Juden lieferte schon das Mittelalter. Im Stadtbuch von Landshut findet sich die Darstellung eines sogenannten **Judeneides**. Die Illustration zeigt die Figur eines Juden mit Judenhut, der als „Feifelein der Judenchunch", der Judenkönig, bezeichnet wird. Er legt die Schwurhand auf eine Schriftrolle. Die bösartig-diffamierende Bezeichnung „Saupriester", spiegelt den Geist der mittelalterlichen Judenfeindschaft wider.

Aus wirtschaftlichen Gründen wurden Juden in den Städten angesiedelt und mit hohen Steuern und Schutzzöllen belegt. Der christliche Antijudaismus stand Pate bei der im Laterankonzil von 1215 beschlossenen Kennzeichnungspflicht. Wirtschaftliche Interessen, vor allem die Befreiung von Schulden, und religiöse Vorwürfe, wie angebliche Ritualmorde und Hostienschändungen, schufen die Grundlage für die Pogrome der Jahre 1338 und 1349. Ihre endgültige Vertreibung aus Oberbayern erfolgte 1442, aus Niederbayern 1450.

Die Jahrhunderte eines mehr oder weniger friedlichen Zusammenlebens vor allem im ländlichen Raum belegt dagegen ein **Gemälde**, das eine festliche **Huldigungsszene** aus Anlass der Wiedervereinigung des schwäbischen Dorfes Ichenhausen im Jahr 1784 zeigt. Freiherr Heinrich vom Stain zu Rechtenstein, sitzt in der in der Bildmitte, umgeben von Bediensteten und Beamten, an einem großen Tisch. Rechts und links stehen die Einwohner der beiden Ortsteile, die wiederum in zwei Gruppen zerfallen. Im Vordergrund stehen Juden und Bedienstete, die etwas kleiner gemalt sind. Dahinter und damit näher beim Herrn befinden sich die christlichen Einwohner. In Habitus und Kleidung jedoch unterscheiden sich Juden und Christen kaum.

1574 hatte die Familie derer vom Stain die Ichenhausener Ortsherrschaft erworben, die seit 1657 aus zwei Teilterritorien bestand. Die hohen Kosten dieser doppelten Verwaltung führten zu wachsendem Kapitalbedarf und erhöhten damit die Bereitschaft, andernorts vertriebene Juden in den Ortsteilen ansässig zu machen. So vergrößerte sich in Ichenhausen die seit dem 16. Jahrhundert bestehende Judengemeinde, die mit Chaim Ben David Schwarz einen weithin berühmten Vertreter des jüdischen Buchdrucks aufzuweisen hatte, ganz erheblich, so dass im Jahre 1806 etwa 40% der Einwohner Ichenhausens Juden waren.

Die vielfältige und blühende Lebenswelt des bayerischen Landjudentums ist nach 1933 ebenso zerstört worden wie die jüdischen Gemeinden in den bayerischen Großstädten.
1933 wurde der biologistisch argumentierende Antisemitismus zur staatstragenden Ideologie. Die Demütigung und Entrechtung von Juden geschah in aller Öffentlichkeit. Die sogenannte **„Reichskristallnacht"** machte die brutale Entschlossenheit der braunen Machthaber allen deutlich.

Das Bild zeigt die im Pogrom vom 9. November 1938 durch Brandstiftung völlig verwüstete **Synagoge** an der Essenweinstraße in Nürnberg. Nach einem Augenzeugenbericht zerstörten SA-Leute zunächst die Inneneinrichtung, ehe sie zusammen mit Feuerwehrleuten ein Benzinfass zur Explosion brachten. Die bereitstehenden Löschmannschaften sicherten lediglich die umstehenden Gebäude. Auf dem Bild sind der ausgebrannte Almemor, der altarähnliche Aufbewahrungsort für die Thorarollen in der Mitte des Raumes, und die verwüstete Frauenempore noch deutlich erkennbar.
Auslöser für die verzerrend als „Reichskristallnacht" bezeichneten Vorgänge war die Ermordung des deutschen Botschaftssekretärs in Paris, von Rath, durch den Juden Herschel Grynszpan. Auf Anweisung von Joseph Goebbels wurde nun das bisher größte Pogrom organisiert, das den Auftakt zur völligen Entrechtung und Ächtung des deutschen Judentums bildete. Mit der Zerstörung der Synagogen, Geschäfte und Wohnungen der jüdischen Bevölkerung, mit Verfolgungen und Morden zeigte das NS-Regime nun auch der internationalen Öffentlichkeit jenen gewalttätigen Antisemitismus, der schließlich in den Massenmord führte.

Das Bild zeigt die etwa 16-jährige **Elisabeth Block** in einem Garten. Die Aufnahme entstand im April 1938 in Niedernburg, einem Dorf in der Nähe von Rosenheim. Von ihr sind sechs Tagebücher erhalten, die Zeugnis von diesem jungen Leben geben, das viel zu früh enden musste. Ein Blick in die Tagebücher lässt erkennen, dass die ländliche Idylle trügt.
Da ist die Rede von Schulverbot, später von der Ermordung des Onkels im fernen Polzin, von Enteignung und Zwangsarbeit, vom Judenstern, gescheiterten Auswanderungsplänen und dann der Angst vor Deportation.
Noch das letzte **Familienbild vom 26. Dezember 1941** verschweigt die schreckliche Wirklichkeit. Die Familie wohnt inzwischen im Stall ihres „arisierten" Hauses. Der Vater, den man zwangsweise sterilisiert hatte, leistet härteste Arbeit beim Gleisbau, die Töchter waren zum Arbeitseinsatz auf einem Bauernhof in der Nähe gezwungen.

Der letzte Eintrag im sechsten Tagebuch lautet:
„Papa war daheim, er hatte sich die Finger erfroren und hatte grad Urlaub das passte wirklich fabelhaft wir tranken alle zusammen Kaffee und dann gings wieder los, aber froh war ich auch wieder als ich in die warme Stube kam, da ich vollkommen ausgefroren angekommen war." Das folgende Blatt des Tagebuches, das bereits mit der Seitenzahl 54 vornummeriert und leer geblieben ist, kann mehr erschüttern als manches Denkmal.
Wenige Wochen später „verzog" die Familie nach Milbertshofen, wie es auf dem Meldebogen der Gemeinde zu lesen ist. Milbertshofen war kein Wohnquartier, sondern das Sammellager für die Deportation der Juden aus Südbayern. Im amtlichen Vermerk der Deportationslisten, die das Bundesarchiv in Koblenz aufbewahrt, heißt es zur Familie Block lapidar: „Piaski - verschollen". Piaski war die letzte Station vor der Vernichtung.

13 Ein Freistaat aus dem Trümmerfeld

Wie ein visueller Abgesang auf das nur 12 Jahre währende „Tausendjährige Reich" wirkt das nebenstehende **Foto vom 30. April 1945**. Zerschossen ist die „Hauptstadt der Bewegung", das Ortsschild Münchens wird von amerikanischen Soldaten durch die Straßen der Stadt getragen. München, wo einst der Nationalsozialismus seinen Ausgang genommen hatte, ergibt sich kampflos den amerikanischen Truppen.
Michael Meister, ein Beamter des städtischen Ernährungsamtes, übergab am 1. Mai München offiziell an die Amerikaner. Er war nach der Flucht des Nazi-Oberbürgermeisters nach Berchtesgaden vom amtierenden Bürgermeister damit beauftragt worden, weil er englisch sprach. Major Eugene Keller von der Militärregierungseinheit (Military Government Detachments) übernahm sogleich die Stadtverwaltung. Eine Woche später ernannte er den 1933 von den Nationalsozialisten aus dem Amt gejagten Oberbürgermeister Karl Scharnagl zum Kommissarischen Leiter der Stadtverwaltung.
Die **Militärregierungseinheiten** begleiteten die 3. und 7. US-Armee, die mit Ausnahme von Teilen Schwabens, die von französischen Truppen eingenommen wurden, ganz Bayern besetzte. Ihre Mitarbeiter waren die zivilen Partner der US-Kampftruppen, sie etablierten sich in den meisten Städten und Landkreisen. Bereits am 15. Mai übernahm in München ein „Regional Detachment" landesweite Aufgaben. Unterabteilungen befassten sich beispielsweise mit Justiz, Erziehungswesen, kommunalen Angelegenheiten, mit der öffentlichen Sicherheit, mit Transport, Arbeit, Finanzen, Wirtschaft, Landwirtschaft, Gesundheits- und Wohlfahrtswesen. Die Militärregierungsoffiziere, die sich als Zivilisten in Uniform verstanden, hatten in der Regel eine längere Ausbildung in eigenen Militärregierungsschulen absolviert, die allerdings in einigen Punkten erhebliche Mängel aufwies, denn nur etwa jeder zwanzigste verfügte über ausreichende Deutschkenntnisse, und viele Mitarbeiter waren lediglich in Schnellkursen ausgebildet worden. Bei den Militärregierungseinheiten dienten im Mai 1945 2500 Offiziere und Soldaten, beim Regional Detachment, später „Office of Military Government", 489 Personen. Anfang Oktober wurde die Stabsabteilung für Angelegenheiten der Militärregierung mit dem Regional Detachment vereint. Die neue Dienststelle hieß „Office of Military Government for Bavaria" (OMGB). Sie war nicht mehr der 3. US-Armee unterstellt, sondern dem OMGUS („Office of Military Government, United States") in Berlin.

Nach der totalen Niederlage im Zweiten Weltkrieg teilten die alliierten Siegermächte Deutschland in vier Zonen auf und übernahmen die Regierungsgewalt. Bayern wurde Teil der **amerikanischen Zone**. Mit der Proklamation Nummer 2 verfügte die US-Militärregierung am 19. September 1945 die Bildung der Länder Groß-Hessen, Württemberg-Baden und Bayern. Bayern blieb territorial unangetastet und verlor nur vorübergehend Stadt und Landkreis Lindau. Von politischer Tragweite war vor allem Artikel 1 der Proklamation: „Innerhalb der Amerikanischen Besatzungszone werden hiermit Verwaltungsgebiete gebildet, die von jetzt ab als Staaten bezeichnet werden; jeder Staat wird eine Staatsregierung haben."

Wilhelm Hoegner, der am 6. Juli aus dem Schweizer Exil nach München heimgekehrt war und kurz nach dem Erlass der Proklamation Ministerpräsident wurde, freute sich: Bayern war „wieder ein Staat geworden."

Die Emphase, mit der in Bayern die vermeintliche Wiedererringung der Staatlichkeit aufgenommen wurde, irritierte allerdings das Hauptquartier der US-Streitkräfte in Europa. Während Ministerpräsident Hoegner die Ministerien anwies, im amtlichen Sprachgebrauch die Bezeichnungen „Bayerischer Staat" und „Bayerische Staatsregierung" zu verwenden, wurden die „Commanding Generals" angewiesen, den Begriff „Land" anstelle von „State (Staat)" zu gebrauchen. Seine Regierung stand überdies wie die seines Vorgängers Fritz Schäffer (von 28.5.1945 bis 28.9.1945 „vorläufiger" Ministerpräsident) vor kaum lösbaren Aufgaben.

Die schwere Last der NS-Vergangenheit wollten die US-Militärbehörden durch eine systematische **Entnazifizierung** mittels Millionen von Fragebögen und zahllosen **Spruchkammern** abtragen. Besonderes Aufsehen erregte das Verfahren gegen den **Hausmeister der Münchner Universität**, der 1943 die Mitglieder der studentischen Widerstandsgruppe „Weiße Rose" verraten hatte.

Mit der Führungsebene des Dritten Reiches rechneten die Alliierten in Nürnberg ab, wo das **Internationale Militärtribunal** gegen 24 als Hauptkriegsverbrecher angeklagte Größen des Dritten Reiches einen weltweit beachteten Prozess führte.

So bedrückend die Lasten aus der Vergangenheit waren, das „Überleben in der Steinzeit", wie ein Schriftsteller die Situation in den ersten Nachkriegsjahren nannte, bestimmte nun den Alltag der Menschen weitaus mehr. Ungeheuerlich waren die Zerstörungen, wie dieses Foto von **Nürnberg** zumindest erahnen lässt:

Nach einem Besuch in Nürnberg im Jahr 1947 schrieb der Journalist Alfred Kerr: „Nürnberg ... Das war eine Stadt – und es ist eine Schutthalde. Das war gemütlich-bürgerlich – und es ist ein Grauen. Ein Grauen ohne Tragik; nur noch was Unangenehmes. Eine Ruppigkeit. Eine Häßlichkeit. Eine Trostlosigkeit ... Eine Schutthalde ... Du siehst kaum andres als Geröll. Irreführend wäre das Wort ´Ruinen`- da denkt man immerhin an gewesene Hausungen; dies aber ist dem Staub viel näher als der billigen Vorstellung zerrissener Wände ..." Nürnberg war in der Tat eine der am meisten zerstörten deutschen Städte. 10,7 Millionen Kubikmeter Trüm-

merschutt waren zu beseitigen, 45 % der Gebäude waren völlig vernichtet, 15 % schwer und 30 % mittel bis leicht beschädigt, wobei die historische Altstadt besonders schwer betroffen war. Die Militärregierung berief, nachdem zunächst der Nationalsozialist Julius Eickemeyer zum Zuge gekommen war, den unbelasteten Sozialdemokraten Martin Treu zum Oberbürgermeister, der bereits von 1919 bis 1933 als 2. Bürgermeister amtiert hatte. Er musste auf Anordnung der Militärregierungvom 7. Juli 1945 die Trümmerbeseitigung organisieren.
Bis Ende 1947 waren immerhin 1,15 Millionen Kubikmeter Schutt weggeschafft und 280 Straßen geräumt. Zu den Arbeiten wurden Kriegsgefangene und belastete Nationalsozialisten herangezogen. 30 Millionen brauchbarer Backsteine hatte man zur Wiederverwendung aus den Trümmerbergen aussortiert. Noch höher dürfte die Zahl der von den Nürnbergern privat der eigenen Unterkunft zugeführten Steine gewesen sein. Eingesetzt wurden auch Maschinen zur Trümmerverwertung, die den Schutt zerkleinerten, um daraus neue Baumaterialien herzustellen.
Drei Jahre nach Kriegsende fiel die Entscheidung zugunsten eines Wiederaufbaus, der sich weitgehend an den alten Strukturen der Stadt orientierte. Im Altstadtbereich entstand so ein neues Nürnberg ohne Hochhaus und Flachdach in eher unauffälliger Architektur, die sich mit der erhaltenen historischen Bausubstanz zu einem mittelalterlichen Gesamteindruck zusammenfügte. Bis hinein in die fünfziger Jahre wurden Verputz, Fenster und Türen noch mit einer Liebe zum Detail gestaltet, die das Stadtbild bis heute prägt. Im Streit um den Bau des Kaufhofs im Jahr 1950 schlossen sich engagierte Bürger zusammen und gründeten den Verein der Altstadtfreunde, der bis heute über das Baugeschehen in der Altstadt wacht. Im Jahr 1946 jedenfalls hätte es niemand für möglich gehalten, dass aus dieser Trümmerwüste jemals wieder ein so ansehnliches Stadtbild entstehen kann.

Noch schwerer betroffen war Würzburg, wo am 16. März 1945 durch einen englischen Bombenangriff 5000 Menschen getötet und 74 % der Bauten zerstört wurden. Von Bombardierungen und Beschießungen verwüstet waren aber auch München, Augsburg, Ingolstadt, Aschaffenburg, Schweinfurt, Rothenburg, Bayreuth, Schwandorf und Neumarkt in der Oberpfalz.

Die daraus resultierende extreme Wohnungsnot wurde vor allem für die Frauen zur größten Herausforderung, die für die Familie zu sorgen hatten, weil viele Männer im Krieg gefallen waren oder sich noch in Gefangenschaft befanden. Anpacken wurde so zur ersten Devise, um wenigstens bescheidenste Notquartiere zu schaffen. So schlug die Stunde der „Trümmerfrauen", die als Symbol des Überlebenswillens und der Zukunftshoffnung gerne auch in fröhlich-schaffender Pose gezeigt wurden.

Diese **Fotografie**, eine „Ikone" der Nachkriegszeit, ist lange Zeit ausschließlich als Appell zum Anpacken, als Aufruf zu Aktivität und Solidarität gelesen worden. Nach neueren Forschungen lautet der Eintrag im Bildarchiv des Hauses der bayerischen Geschichte allerdings: „Schutträumung als Sühnearbeit für Parteigenossinnen am Färbergraben in München im Mai 1946".

Die Lebensverhältnisse einer besonders schwer betroffenen Gruppe, der **Flüchtlinge und Vertriebenen**, waren erschütternd, wie diese Fotografie von 1946 zeigt.
Ausgemergelt, gerade noch mit dem Leben davongekommen, in unbeschreiblichen Wohnverhältnissen, nur mit wenigen Habseligkeiten ausgestattet, die man noch in einem Koffer oder einem Handwagen verstauen konnte – so stellte sich die Lebenswirklichkeit dieser Menschen dar.

Flucht und Vertreibung war vor allem das Schicksal der Alten, der Kinder und der Frauen, während die wehrpflichtigen Männer das Ende des Kriegswahnsinns an den verschiedenen zusammenbrechenden Fronten und später im Kriegsgefangenenlager erlebten und erlitten.
Von den fast 17 Millionen Deutschen, die in den Ostgebieten des Deutschen Reiches und in verschiedenen osteuropäischen Staaten gelebt hatten, gelangten durch Flucht und Vertreibung etwa 8 Millionen in die Bundesrepublik Deutschland, 2 Millionen davon nach Bayern.
Die größte Gruppe stellten mit 1 Million die Sudetendeutschen aus Böhmen, Mähren und der Slowakei. Mit ca. 450 000 Menschen waren die Schlesier die zweitgrößte Gruppe, aus Ostpreußen kamen 87 000 Menschen nach Bayern. Von den Grenzdurchgangslagern führte der Weg in oft provisorische Notunterkünfte, ehe die Zuweisung an einen bestimmten Wohnsitz erfolgte.

Flüchtlinge waren keineswegs die einzigen, die im Land herumirrten, ohne Wohnung, ohne Arbeit, ohne Hoffnung. Bei Kriegsende hielten sich in den westlichen Zonen rund 6,5 Millionen Displaced Persons (DPs) auf. Diese Menschen ohne Wohnsitz waren vor allem ehemalige Zwangsarbeiter, Kriegsgefangene und Häftlinge der Konzentrationslager.
Anfang 1948 lebten allein in bayerischen DP-Lagern noch 240 000 Menschen, darunter 50-70 000 Juden, die auf Auswanderung nach Israel und in die USA warteten.

Das ob. Foto zeigt die **erste offizielle Ausreise jüdischer DPs nach Israel** im Jahr 1948 vom Güterbahnhof der Funkkaserne in München. Ende 1950 befanden sich nur noch 6-8000 jüdische DPs in der amerikanischen Zone. Als letztes jüdisches DP-Lager wurde 1956 Föhrenwald bei Wolfratshausen mit etwa 1000 Bewohnern aufgelöst.

Hunger herrschte überall, die offiziellen „Kalorien" auf den Lebensmittelkarten reichten zum Überleben oft nicht aus. So ließ die katastrophale Ernährungssituation einen florierenden Schwarzmarkt blühen.

Schwarzmarkt am Isarufer, 1946. Gehandelt und getauscht wurde alles. Die amerikanischen Zigaretten übernahmen die Funktion einer Ersatzwährung, bis mit der Währungsreform im Juni 1948 endlich wieder halbwegs geordnete Verhältnisse einkehrten.

Auf diesem Hintergrund ein demokratisches Staatswesen zu schaffen und die Neuordnung des gesamten politischen Lebens ins Werk zu setzen, war keine einfache Aufgabe.

Parteienzulassung und Kommunalwahlen waren die ersten von der amerikanischen Militärregierung in der US-Zone vorgegebenen Schritte auf dem Weg. Wenig später folgte die Ausarbeitung von Landesverfassungen.

Die bayerische Wählerschaft nahm die neue **Verfassung** am 1. Dezember 1946 in einem Volksentscheid mit großer Mehrheit (71 %) an, am 8. Dezember ist sie in Kraft getreten. Damit verfügte das Land wieder über eine demokratische Verfassung, die mit Volksbegehren und Volksentscheid moderne Elemente der Volksgesetzgebung enthielt.

Die Legislative bestand aus zwei Kammern: dem **Landtag**, der nach einem mit einer Zehn-Prozent-Hürde ausgestatteten Verhältniswahlrecht gewählt wurde, und dem als Zweite Kammer fungierenden **Senat**, der, aus gesellschaftlichen Gruppierungen zusammengesetzt, weitgehend begutachtende Aufgaben zu erfüllen hatte und nur bei Haushaltsgesetzen und Verfassungsänderungen zwingend einbezogen werden musste. Im Jahr 2000 wurde dieses durch hohen Sachverstand gekennzeichnete Gremium angeblich aus Einsparungsgründen aufgelöst und damit die bayerische Tradition des Zweikammersystems beendet.

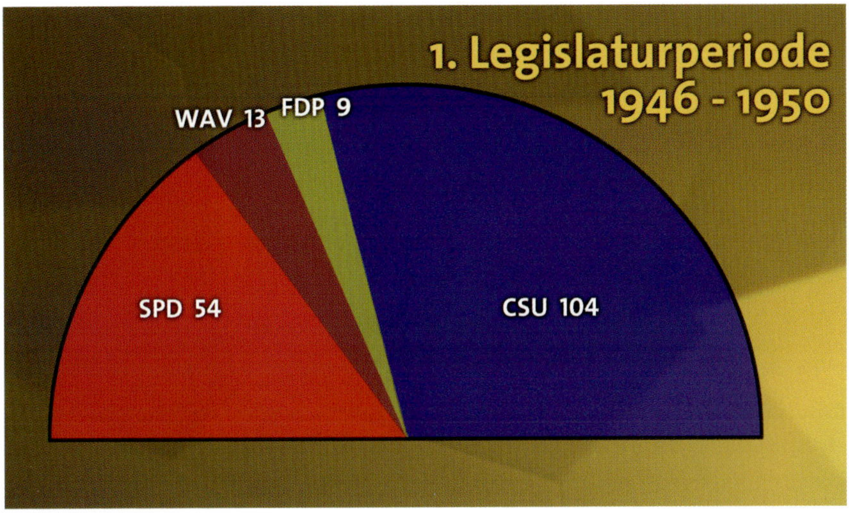

Aufschlussreich ist die **Wahl zum ersten Landtag** im Jahr 1946.
Die unangefochtene Spitzenstellung errang mit 52,3 % und 104 von 180 Sitzen die als christliche Sammlungsbewegung neu gegründete CSU. Die SPD, Partei des profilierten Vaters der bayerischen Verfassung Wilhelm Hoegner, musste sich mit 54 Sitzen begnügen.
Drittstärkste Partei wurde die Wirtschaftliche Aufbauvereinigung (WAV), eine populistische Protestpartei, die bald wieder von der Bildfläche verschwand. Die liberale FDP konnte nur 9 Mandate erringen. Die KPD scheiterte an der 10%-Klausel, die in mindestens einem Regierungsbezirk überwunden werden musste.

Von weitreichender Bedeutung für die Zukunft Bayerns wurde die Verankerung des **Kulturstaatsprinzips**, das den Staat auf geistige und kulturelle Verfassungsziele festlegte.

Bayern, das als einziges Land sein altes Staatsgebiet nahezu unversehrt behalten konnte, war der Motor für eine **föderalistische Gesamtpolitik** und besetzte energisch das Feld der Länderinteressen. In der **Münchner Ministerpräsidentenkonferenz des Jahres 1947** trafen sich auf bayerische Einladung ein letztes Mal die Ministerpräsidenten der vier Besatzungszonen, ehe im Kalten Krieg die deutsche Teilung endgültig wurde.

Am 10.August 1948 eröffnete der bayerische Staatsminister Anton Pfeiffer auf der Herreninsel im Chiemsee eine Zusammenkunft von Sachverständigen, die als **Herrenchiemseer Verfassungskonvent** in die Geschichte eingegangen ist.
Am 1. Juli hatten die westlichen Militärgouverneure durch die Frankfurter Dokumente die Ministerpräsidenten der Westzonen beauftragt, einen Verfassungsentwurf für einen künftigen Weststaat zu erarbeiten. Diese nahmen das Angebot des bayerischen Ministerpräsidenten Hans Ehard, an einem „ruhigen Ort in Bayern" zu tagen, gerne an und luden ein Gremium hochrangiger Sachverständiger nach Herrenchiemsee ein, das innerhalb von nur zwei Wochen einen kompletten Entwurf für eine Verfassung schuf. Das 95 Druckseiten umfassende Ergebnis der Tagung wurde zunächst den Ministerpräsidenten vorgelegt, die es dann dem Parlamentarischen Rat in Bonn als Materialgrundlage zustellten. Da es dort die einzige derartige Vorlage war, erhielt es erhebliche Bedeutung für die anschließenden Beratungen und beeinflusste das künftige Grundgesetz bis in Einzelbestimmungen hinein.

Ein **Schmuckblatt** wurde beim Abschluss des Konvents von allen Teilnehmern unterschrieben und als Gedenkblatt aufbewahrt. In der Mitte sind nach einigen Überschriftzeilen, die das Ereignis benennen, in alphabetischer Reihenfolge die beteiligten Länder aufgezählt und mit den Unterschriften der jeweiligen Vertreter versehen. Darunter schließen sich einige inhaltlich wie graphisch wohlüberlegte Textzeilen an, die vom Hauptakteur des Konventes, dem bayerischen Staatsminister Anton Pfeiffer abschließend unterschrieben sind. Offizieller Vertreter Bayerns allerdings war der Staatssekretär im Innenministerium Anton Schwalber. Besonders wortgewaltig und dominierend trat für Württemberg-Hohenzollern Staatsminister Professor Carlo Schmid auf, der auch im Parlamentarischen Rat als Vorsitzender des Hauptausschusses einewichtige Rolle spielte.
Zwei schmucke Bildleisten begrenzen das Blatt oben und unten, seitlich stehen auf konsolenartigen Sockeln zwei allegorische Figuren, die Schnitterin für den reichen Ertrag der Getreidefelder, und der Fischer für das wichtigste Handwerk auf den beiden Inseln. Diese sind ebenfalls ins Bild gebracht: unten die kleinere Fraueninsel mit ihrem altehrwürdigen Frauenkloster, dessen Gründungsgeschichte bis in die Zeit Tassilos III., also ins 8. Jahrhundert zurückreicht, oben die Herreninsel, einst Sitz eines alten, bedeutenden Männerklosters und eines Bistums. Zwei auf kleinen Schilfinseln stehende Tafeln verweisen auf beide Inseln, die rechte zeigt das Wappen der Fraueninsel, die linke bildet das 1803 säkularisierte Augustiner-Chorherrnstift auf der Herreninsel ab, das nach der Erbauung des Neuen Schlosses durch Ludwig II. fälschlicherweise als Altes Schloss bezeichnet wurde.
Ebendort, in dem links von der Mitte erkennbaren hellen Gebäude, tagte der Verfassungskonvent, im einstigen Speisesaal Ludwigs II., der die Insel 1873 erworben und im Alten Schloss einige Räume bewohnt hatte.
Das Schmuckblatt erinnert damit besonders intensiv an die Gründungsgeschichte der Bundesrepublik Deutschland und an die Tatsache, dass Herrenchiemsee nicht nur der festliche

Verfassungskonvent
auf Herrenchiemsee
vom 10. bis 24. August 1948

Zu den Beratungen über eine künftige deutsche Bundesverfassung hatten entsandt:

Baden: Oberlandesgerichtspräsident

Bayern: Staatssekretär

Berlin: Vorsteher des Kollegiums der Stadtverordneten

Bremen: Bürgermeister

Hamburg: Senatssyndikus

Hessen: Staatssekretär/Professor

Niedersachsen: Ministerialrat

Nordrhein-Westfalen: Universitäts-Dozent

Rheinland-Pfalz: Staatsminister der Justiz und für Unterricht und Kultus

Schleswig-Holstein: Professor

Württemberg-Baden: Staatsminister der Justiz

Württemberg-Hohenzollern: Professor/Staatsminister der Justiz Stellvertretender Staatspräsident.

Den Vorsitz führte
– durch das Vertrauen des Verfassungskonventes berufen –
Staatsminister Dr. Anton Pfeiffer – Bayern –

Möge das Werk dem Wohle des deutschen Volkes dienen!

Herrenchiemsee, am 24. August 1948.

Ort monarchischer Traumwelten, sondern ein Symbolort konkreter und politisch aktueller deutscher Föderalismusgeschichte ist.

Dass Bayern den Konvent ausrichtete, geschah nicht ohne politische Absicht. Der Freistaat, der seit 1. Dezember 1946 bereits über eine eigene Landesverfassung verfügte, war zur **Drehscheibe aller föderalistischen Bestrebungen in Deutschland** geworden und wollte seinen und den Einfluss der Länder ganz allgemein auf Entstehung und Struktur des künftigen deutschen Gesamtstaats sichern. Dabei befand sich der bayerische Ministerpräsident durchaus im

Einklang mit seiner Besatzungsmacht, auf der Gegenseite aber standen deutlich die britische Regierung und die Vertreter der deutschen Parteien, insbesondere der SPD, die zentralistischere Staatsmodelle bevorzugten. Im Mittelpunkt der Diskussionen standen denn auch die Fragen, ob der deutsche Staat von den Ländern her begründet werde und ob im künftigen Zweikammersystem die Ländervertretung gleichrangig sein sollte. Einig war man sich darin, dass der künftige Staat als Provisorium zu betrachten sei und statt einer Verfassung nur ein Grundgesetz erhalten solle, um für die spätere Einbeziehung der Länder der Sowjetischen Besatzungszone (SBZ) die Türen offen zu halten.

Wenngleich der Verfassungskonvent schon von den Zeitgenossen manche Kritik erfahren hat und in der breiten Öffentlichkeit heute fast völlig vergessen ist, bewertet ihn die Zeitgeschichtsforschung heute als ein wichtiges Ereignis in der Vorgeschichte der Bundesrepublik Deutschland, bei dem die Weichen für das Grundgesetz und die föderative Struktur der Bundesrepublik gestellt wurden. Der Historiker Wolfgang Benz nennt den Entwurf des Konvents zurecht „ein imponierendes Kompendium des Verfassungsrechts" und stellt fest: „Das bescheiden als Tätigkeitsbericht deklarierte Dokument von 95 Druckseiten war für die Debatten der folgenden Monate im Parlamentarischen Rat von kaum zu überschätzender Bedeutung: die strittigen Probleme von Herrenchiemsee waren später auch die Streitfragen in Bonn."

War der Verfassungskonvent von Herrenchiemsee die „Stunde der Ministerpräsidenten", so schlug im Parlamentarischer Rat zu Bonn die „Stunde der Parteien". Die bayerische Position war dort erheblich schwächer, so dass man sich nicht in dem erwünschten Maße durchsetzen konnte. Ergebnis der bayerischen Bemühungen war immerhin der **Bundesrat**, der den Ländern Einfluss auf die Gesetzgebung bot, und eine zwischen Bund und Ländern aufgeteilte Finanzhoheit. Trotzdem lehnte der bayerische Landtag am 20. Mai 1949 mit 101 zu 63 Stimmen das Grundgesetz ab, weil andere wesentliche Forderungen nicht erfüllt worden waren. Das Nein war aber zugleich dadurch relativiert, dass man die Rechtsverbindlichkeit des Grundgesetzes bei Zustimmung der Mehrheit der Länder anerkannte.

Ministerpäsident Ehard formulierte dies in der Landtagsdebatte so: „Ich glaube, wir sind uns in diesem hohen Hause..., alle darin einig, dass Bayern ein Teil des durch das Grundgesetz geschaffenen Bundesstaates ist, sobald dieses Grundgesetz rechtswirksam geworden ist. Ein bayerisches Nein zum Grundgesetz kann dessen Rechtswirksamkeit nicht beeinflussen..."

Damit hatte auch die bayerische Staatsregierung trotz des mehr symbolischen Protests gegen das Fehlen von föderalistischen Elementen im Grundgesetz ihren Frieden mit der neuen deutschen Republik gemacht. Unversöhnlich blieb lediglich die Bayernpartei, die ihren Kampf gegen das Grundgesetz und dessen angeblich zentralistischen Charakter weiterhin fortsetzte.

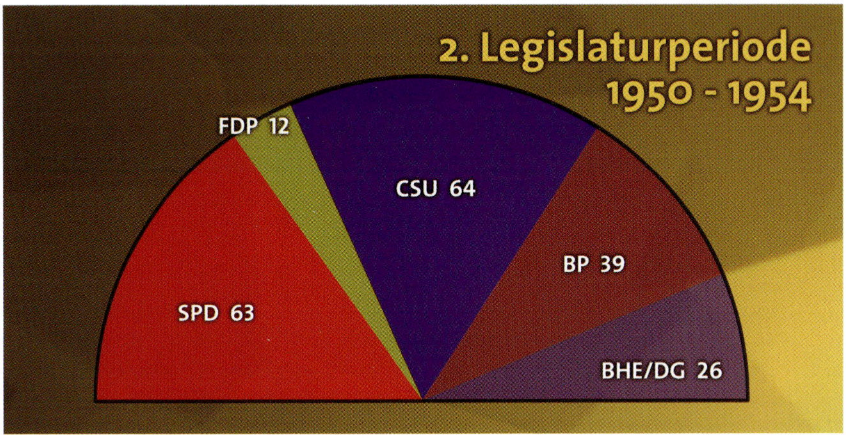

Die zunächst dominante Rolle der CSU geriet ins Wanken, als im März 1948 die betont föderalistische Bayernpartei (BP) von der Militäradministration genehmigt wurde und auf Anhieb mit 18 Abgeordneten ins Bonner Parlament einzog. Diese Tendenz setzte sich bei den **Landtagswahlen von 1950** fort.

Zum ersten und bisher einzigen Mal in der Nachkriegsgeschichte erhielt die SPD mit 28 % den höchsten Stimmenanteil, der ihr allerdings aufgrund des Wahlrechts nur 63 Sitze eintrug. Lediglich einen Sitz mehr errang die CSU, deren Stimmenanteil mit 27,4 % gegenüber 1946 nahezu auf die Hälfte geschrumpft war. Verloren gegangen waren ihr erhebliche Teile der Wähler des katholisch-konservativen altbayerischen Flügels, die früher der Bayerischen Volkspartei ihre Stimme gegeben hatten. Nutznießerin war die Bayernpartei (BP), die mit 17,9 % drittstärkste Partei wurde und mit 39 Abgeordneten in den Bayerischen Landtag einzog. Der erst im September 1950 zugelassene Block der Entrechteten (BHE) und die Deutsche Gemeinschaft (DG), typische Flüchtlingsparteien, erreichten immerhin 26 Mandate. Die FDP zog mit neun Sitzen erneut in den Landtag ein.
Eine große Koalition zwischen CSU und SPD unter Einbeziehung des BHE regierte das Land in den folgenden vier Jahren. Die führenden Persönlichkeiten waren der CSU-Politiker **Hans Ehard** als Ministerpräsident und **Wilhelm Hoegner** als Innenminister.
Den absoluten Tiefpunkt erlebte die CSU trotz erheblicher Stimmengewinne im Jahre 1954, als sich die SPD und die drei bürgerlichen Parteien wider Erwarten auf eine gemeinsame Regierung unter der Führung von Wilhelm Hoegner einigten. Die sogenannte **„Viererkoalition“** schickte die CSU für drei Jahre in die Opposition. Diese Schockerfahrung hat jedoch offensichtlich die Kräfte in der CSU freigesetzt, die in den folgenden Jahren zu ihrem schier unaufhaltsamen Aufstieg führten.

14 Zwischen Tradition und Moderne

Bayern erlebte in den 1950er Jahren einen außergewöhnlichen Industrialisierungsschub, der allerdings aus verschiedenen Ursachen vergleichsweise geräuschlos vonstatten ging. Dass harte soziale Verwerfungen ausblieben, verdankte der Freistaat der Tatsache, dass er zu den „Spätzündern" zählte. Sein industrielles Produktionsvolumen lag im Jahr 1954 um 74 Prozent höher als vor dem Krieg, obwohl Bayern ein rohstoff- und kapitalarmes Land war.
Lokomotive des Aufschwungs war das bundesrepublikanische „Wirtschaftswunder".
Die zunächst als Belastung empfundenen Flüchtlinge und Heimatvertriebenen förderten diese wirtschaftliche Entwicklung nachhaltig. Wirtschaftsminister Hanns Seidel erklärte 1954: „Die nahezu einzige Voraussetzung, die Bayern für den Industrialisierungsprozess mitbrachte, war der Überfluss an Arbeitskräften, die der Flüchtlingsstrom in das Land geworfen hatte." Gerade diese Bevölkerungsgruppe trug entscheidend zum Aufbau der mittelständischen Wirtschaft bei, die zum Markenzeichen der ausgeglichenen bayerischen Wirtschaftsstruktur wurde.
Vor allem entwickelte sich die Prosperität des Südens im Aufwind eines allgemeinen bundesdeutschen Aufschwungs, der als „Wirtschaftswunder" in die Geschichte eingegangen ist.
Ministerpräsident Hoegners beherztem Zupacken verdankte der Freistaat 1957 den Einzug ins Atomzeitalter mit dem ersten Versuchsreaktor, dem **Atomei**, in Garching bei München. Entscheidend dafür war die Verlegung des Max-Planck-Instituts für Physik und Astrophysik unter der Leitung von Werner Heisenberg von Göttingen nach München.
Für die Inbetriebnahme des Forschungsreaktors verabschiedete der Bayerische Landtag ein „Gesetz zur vorläufigen Regelung der Errichtung und des Betriebs von Kernreaktoren", da im Bundestag das „Gesetz zur Regelung der friedlichen Kernenergienutzung" als Folge der leidenschaftlichen Debatten um die Atombewaffnung der Bundeswehr gescheitert war. Es war ein erster Schritt in Bayern hin zu der später zum Charakteristikum werdenden technisch-industriellen Modernisierung. Entscheidende Unterstützung erhielt das Land dabei vom „Atomminister" Franz Josef Strauß, der nicht nur alle befürwortenden Argumente einbrachte, sondern auch Bundesmittel zusicherte.
Der erste kommerzielle Versuchsreaktor entstand 1962 bei Kahl am Main, 1966 wurden die Reaktoren Gundremmingen an der Donau, Niederaichbach und Ohu bei Landshut fertiggestellt.
Für die Energieversorgung grundlegend wurden auch die Aktivitäten im Raum Ingolstadt. Ende 1963 gingen dort die ersten Raffinerien in Betrieb, die ihr Öl über Pipelines von Mittelmeerhäfen bezogen.

Der Weg zum Automobilstandort Bayern, der heute mit den führenden Automobilmarken BMW und Audi zum Spitzenstandort geworden ist, begann mit kleinen Anfängen und ersten kreativen Versuchen: Inmitten einer grandiosen Alpenlandschaft präsentiert sich der **Messerschmidt Kabinenroller**.

Dieser „flotte Flitzer aus Regensburg" ist Teil einer technologischen Erfolgsgeschichte der Nachkriegsjahre, die mit den Ideen eines kreativen Ingenieurs in Rosenheim begann. 1945 schuf dieser zunächst pedalgetriebene Roller, in die später Motoren eingebaut wurden. Die Luxusausgabe dieses Rollers, der „Tiger", brachte es mit seinen 500 Kubikzentimetern und seinen 20 PS bereits auf eine Geschwindigkeit von 130 Stundenkilometern und gewann damit zahlreiche Rennen.

Die entscheidenden Weichen für die Modernisierung Bayerns wurden in der Ära von Ministerpräsident Goppel in den Jahren zwischen 1962 und 1978 gestellt. In den Jahren seiner Regierungszeit entwickelte sich Bayern vom Agrarland zum Hochtechnologiestandort mit erheblichem Beschäftigungszuwachs und einem ständig zunehmenden Bruttoinlandsprodukt.

Am 17. September 1962 nominierte der CSU-Landesvorstand den knapp 58-jährigen Alfons Goppel, seit 1958 Innenminister, für das Amt des Ministerpräsidenten. Am 11. Dezember 1962 wurde er von Landtagspräsident Rudolph Hanauer **im Bayerischen Landtag vereidigt**. Der umgängliche Politiker, geboren in Regensburg-Reinhausen, zählte zu den Gründungsmitgliedern der CSU, war aber in der Partei kaum in Erscheinung getreten. Goppel hatte Rechtswissenschaft studiert, war Rechtsanwalt in Regensburg und Amtsgerichtsrat in Aschaffenburg gewesen, wo er nach dem Krieg das Amt eines Rechtsrates übernahm. 1952 wurde er zum Bürgermeister Aschaffenburgs gewählt, 1954 in den Landtag entsandt. Bereits drei Jahre später holte ihn Ministerpräsident Seidel als Justizstaatssekretär in sein Kabinett. Als Innenminister machte sich Goppel um die Einführung der Polio-Schluckimpfung in Bayern verdient. Sein Versuch, die 7000 Kommunen im Freistaat zu leistungsfähigen Einheiten zu formen, scheiterte jedoch am Widerstand der betroffenen Gemeinderäte, Bürgermeister und Abgeordneten.

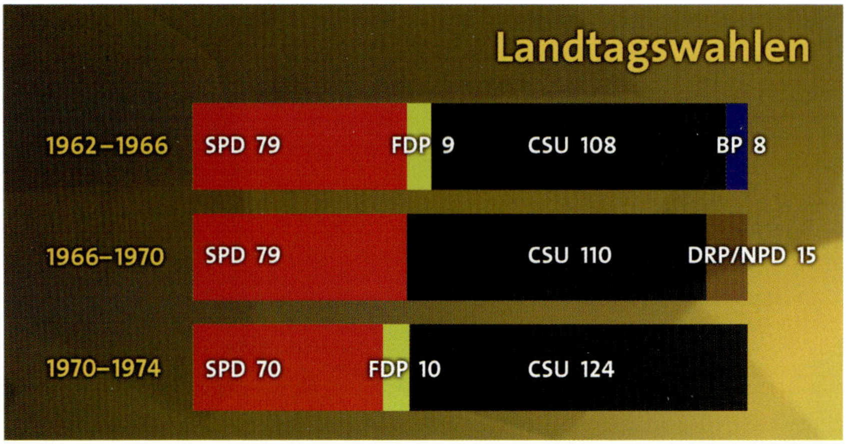

Die **Ära Goppel** ist geprägt vom beständigen Aufstieg der CSU. Dazu ein Vergleich der Ergebnisse der Landtagswahlen von 1962, 1966 und 1970:

In der Landtagswahl von 1962 verbesserte sich die CSU erneut und behauptete nun erstmals wieder seit 1946 mit 108 der 204 Sitze die absolute Mehrheit im Landtag.
Aber auch die SPD legte stark zu und kam auf 35,3 Prozent. Damit erzielte sie ihr bestes Ergebnis seit 1893 und triumphierte vor allem in den Großstädten.
Die Bayernpartei hatte im Spielbankenprozess 1959 ihre Spitzenpolitiker verloren, die wegen Meineids zu Haftstrafen verurteilt worden waren. Hintergrund war die Beschuldigung, die BP habe für die Zustimmung zu einem Spielbankengesetz erhebliche Bestechungsgelder angenommen. Die Partei wurde durch diesen „politischen Prozess", wie ihn Kritiker genannt haben, entscheidend geschwächt und kam letztmalig mit nur noch 8 Abgeordneten in den Landtag.
Die Dominanz der CSU nahm in den Wahlen von 1966 und 1970 weiter zu. 1966 zog für eine Legislaturperiode die rechtsradikale NPD in den Landtag ein.

Stilprägend wirkte Goppel in der Förderung bayerischen Staatsbewusstseins.
Zur Pflege der Staatssymbole wie Staatsflagge, Staatswappen und Verdienstorden kam eine betonte Verwendung des Freistaatsbegriffes als traditionsgestützter Beleg für die bayerische Sonderrolle als Hort des Föderalismus.

Goppel selbst repräsentierte als beliebter „Landesvater" in allen Landesteilen, wobei er durchaus vor einem monarchischen Zeremoniell nicht zurückscheute. Diese „Staatsbesuche" sorgten für eine bis dahin unerreichte Präsenz des Ministerpräsidenten im Lande und begründeten eine außerordentlich Popularität, die sich dann auch in Wahlerfolgen niederschlugen.
Der Geschichte maß Goppelals stabilisierendes Element und als Grundlage für eine fundierte bayerische Identität hohen Wert zu, ganz in der Tradition auch der Monarchen des 19. Jahrhunderts.
Im Jahr 1978 ging mit dem vierten Kabinett Goppel „eine Regierungsära zu Ende, deren Länge in der bayerischen Geschichte nur von einer einzigen, der ersten des modernen Staates, übertroffen wurde, „der Ära Montgelas", schreibt Wolfgang Zorn. Weitere Vergleiche verböten sich freilich schon dadurch, „dass sich kaum verschiedenere Regierungszeiten denken lassen: Eine Periode voller Kriege, Veränderungen des Staatsgebiets, radikaler Reformen dort, eine Periode, die auf den ersten Blick fast eine ‚Zeit ohne Eigenschaften' zu sein scheint, hier". Über die 16 „Goppel-Jahre" in Bayern setzt Zorn das Leitmotiv: „Kontinuität im Wandel, Gegenwartsoffenheit überprüft an Überlieferungstreue.
Goppel, der sich in seiner Partei keine Hausmacht aufbaute, vertraute auf den eingespielten Regierungsapparat und repräsentierte den Freistaat nach innen und außen mit leutseliger Volksverbundenheit und einem gesamtbayerischen Patriotismus. So hatte die Bilanz Goppels in seiner letzten Regierungserklärung am 11. Juli 1978 durchaus ihre Berechtigung, als er Bayerns Zustand mit Stolz schilderte: „Politisch und sozial stabil, wirtschaftlich, trotz Krise und Rezession, erfreulich gesund, ruhend in seinen geographischen, geschichtlichen und volkhaften Anlagen, in lebendiger Übereinstimmung mit sich selbst".
Deutliche Akzente setzte Goppel nicht zuletzt im Bildungsbereich, wo er einen erheblichen Strukturwandel initiierte. So entstanden eine dichte Hochschullandschaft und ein fast lückenloses gymnasiales Schulangebot.
1970 wurde in Bayern das erste bundesdeutsche Umweltministerium eingerichtet, ein deutlicher Hinweis auf die Absicht, den Natur- und Landschaftsschutz zu systematisieren und zu intensivieren.
Mit der Gebietsreform bemühte man sich um effizientere kommunale Verwaltungsstrukturen, nicht ohne dabei auch in Widerstreit zu den historisch gewachsenen Bewusstseinsstrukturen zu geraten.

Die **Olympischen Sommerspiele**, vom 26. August bis 11. September 1972 in München ausgetragen, führten 12000 Sportler aus 122 Ländern zusammen.
Der Einmarsch der deutschen Mannschaft in das vom berühmten Zeltdach überwölbte Stadion wurde zum festlichen Ereignis. Ein Journalist schildert die Stimmung: „Bei herrlich mildem Spätsommerwetter liegt am 26. August 1972 eine aufgeschlossene frohe Erwartung in der Luft. Mehr als 80000 Gäste aus aller Herren Länder stehen und sitzen im überfüllten Stadion. Rund 40000 Zaungäste nehmen vom Schuttberg aus den Blick in die Arena hinein wahr. Die Zahl der Zuschauer an den Fernsehgeräten wird auf annähernd eine Milliarde geschätzt."
Hauptgewinner der Spiele war die Landeshauptstadt, die ihre Infrastruktur sprunghaft modernisierte und nun mit anderen europäischen Großstädten gleichzog. Mit dem Olympiagelände entstand ein neuer attraktiver Stadtteil, vor allem hielten mit U-Bahn und S-Bahn moderne Verkehrsmittel Einzug, die der Stadt einen neuen Rang als Wohn- und Wirtschaftsstandort verliehen.
Obwohl die „heiteren Spiele" in München überschattet waren vom blutigen Anschlag arabischer Terroristen auf die israelische Olympiamannschaft, reichte ihre Strahlkraft weit über München hinaus und ist bis heute in Erinnerung geblieben. Mit ihnen präsentierte sich die junge Bundesrepublik international als freiheitliche Demokratie, als aufgeschlossenes, weltoffenes Land und setzte sich damit bewusst vom Berlin des Jahres 1936 ab.

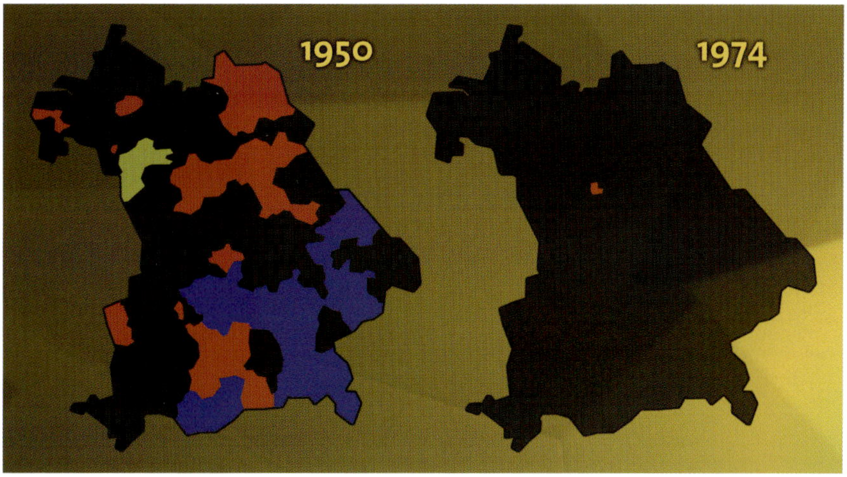

Den Gipfel ihres Erfolg erreichte die CSU im Jahre 1974. Mit 62,1 Prozent und 132 Parlamentssitzen verfehlte sie bei der Landtagswahl die Zweidrittel-Mehrheit nur um vier Sitze. Der **Kartenvergleich zwischen 1950 und 1974** zeigt schon rein optisch, dass die CSU nun das Land flächendeckend erobert hatte (CSU = schwarz; BP = blau, FDP = gelb, SPD = rot).
Die Sozialdemokraten konnten von den 104 Direktmandaten nur mehr vier erobern. In der Landeshauptstadt gingen alle elf an die CSU. Große Teile des „neuen Mittelstandes" waren offensichtlich direkt von der SPD zur CSU übergegangen. Die Bilanz war eindeutig: Die CSU war eine „gesamtbayerische" Partei geworden.
Das Kalkül des Parteivorsitzenden und Bundespolitikers **Franz Josef Strauß** war damit aufgegangen. Er hatte seiner Partei eine „einmalige Stellung, begründet in der bayerischen Geschichte und Tradition", verschafft. Mit „drei Säulen" umriss Strauß in seinen Erinnerungen das Erfolgsrezept:
„Erste Säule – Zusammenführung aller politischen Kräfte, die zusammengehören. Deshalb hielt ich die Bayernpartei von Anfang an für überflüssig, so wie ich konservative Splittergruppen heute für überflüssig halte. Hierher gehört meine oft wiederholte Aussage und beschwörende Mahnung, dass es rechts von uns keine demokratisch legitimierte Partei geben darf.
Zweite Säule – Entklerikalisierung und Liberalisierung der Partei.
Dritte Säule – Identifizierung der CSU mit Bayern."
Eine „vierte Säule" erwähnte Strauß wohlweislich nicht: die Doppelrolle der CSU als autonome Landespartei und als sperriger Partner in Bonn in der Fraktionsgemeinschaft von CDU/CSU mit einem scharf akzentuierten eigenen Profil.
Der Wahlausgang war aber auch ein Triumph für Ministerpräsident Goppel, der im Freistaat den Part des milden und leutseligen „Landesvaters" gab, während Strauß in Bonn mit seinem scharfen Oppositionskurs gegen das regierende SPD/FDP-Bündnis sein kämpferisches Gegenbild verkörperte.

1978 allerdings wechselte Strauß - durchaus nicht im Einverständnis mit Goppel – in die Landespolitik und ließ sich zum **Ministerpräsidenten** wählen. Schon in seiner Regierungserklärung beschrieb er seine Rolle als „Hüter und Vorkämpfer des Föderalismus" und betonte als besonderes Ziel die Verteidigung der Eigenstaatlichkeit Bayerns: „Auch die von mir geführte Staatsregierung wird dem Rufe Bayerns gerecht werden, Hüter und Vorkämpfer des Föderalismus zu sein. ... Föderalismus - und damit meine ich nicht nur Dezentralisierung oder Regionalisierung - ergibt sich aus der Existenz echter Staaten; er setzt sie als Bauelemente voraus: historisch gewachsen, auf eigenem Recht gründend, vom Willen der Bevölkerung getragen und in ihrem Bewusstsein verankert. Ein solcher Staat ist Bayern und muss Bayern bleiben. Die Eigenstaatlichkeit Bayerns wird auch die von mir geführte Regierung ohne Nachgiebigkeit verteidigen. Sie ist Bayerische Staatsregierung und nicht Administrativorgan einer Selbstverwaltungseinheit oder Vollzugsorgan der Bundesregierung."
Als 1980 seine Kanzlerkandidatur scheiterte, konzentrierte Strauß sich stärker auf die Landespolitik, benutzte sie aber stets als Hebel für seine bundespolitischen Ambitionen.

1982 bis 1986 gehörten dem Bayerischen Landtag erstmals in der Nachkriegsgeschichte nur noch zwei Parteien an. Die CSU war mit der höchsten Zahl an Mandaten vertreten, die sie je erreichte.
Die **Technologieförderung** bestimmte nun das politische Programm des Ministerpräsidenten wie bei keinem seiner Vorgänger, wobei nun Luftfahrt, Raumfahrt, Antriebstechnik, Elektronik und Mikroelektronik im Mittelpunkt standen. „Bayern marschiert an der Spitze des wissenschaftlich-technischen Fortschritts", behauptete Strauß in einem Interview, zwei Tage vor der Landtagswahl am 12. Oktober 1986.
Bei dieser Wahlmussten die Sozialdemokraten eine schwere Niederlage hinnehmen. Ihr Stimmeneinbruch war in erster Linie dem Erfolg der „Grünen" geschuldet, die als neue, noch etwas ungebärdige Kraft nun in den Landtag einzogen.
Sein Regierungsprogramm stellte Strauß unter das Motto: „Bayerns Zukunft sichern, Bayern als christliches Land erhalten, Bayern zum modernsten Staat Europas machen."

Sein Augenmerk galt über Bayerns und Deutschlands Grenzen hinaus dem **zusammenwachsenden Europa**. Auf sein Betreiben einigten sich im Oktober 1987 die Regierungschefs der elf Länder auf die „Münchner Thesen" zu Europa. Darin hieß es, der künftige Ausbau der Europäischen Gemeinschaft müsse an bundesstaatlichen Regeln ausgerichtet werden. Strauß gelang es sogar, den Präsidenten der EG-Kommission, Jacques Delors, für den Gedanken des Föderalismus auf europäischer Ebene zu interessieren.

Keinerlei Kompromissbereitschaft dagegen zeigte Strauß, wenn es galt, seine **Atompolitik** durchzusetzen. Der Widerstand gegen die atomare Wiederaufarbeitungsanlage in der Oberpfalz kam unerwartet, **Wackersdorf** wurde zum Fanal, weil sich dort nicht nur ein linker Protest, sondern auch ein bürgerlicher, zum Teil konservativer Widerstand formierte.
Nach der Reaktorkatastrophe im Kernkraftwerk Tschernobyl am 26. April 1986 polarisierten sich die Lager weiter. Strauß jedoch blieb unnachgiebig bei seiner Position, die sein Nachfolger Max Streibldrei Jahre später ohne große Diskussion preisgab.

Einen markanten Einschnitt in die bayerische und bundesdeutsche Politik bedeutete 1988 der plötzliche Tod des Ministerpräsidenten. Er starb 73-jährig am 3. Oktober im Regensburger Krankenhaus der Barmherzigen Brüder an den Folgen eines Kreislaufkollaps', den er zwei Tage zuvor bei einem Jagdausflug erlitten hatte.

Der Trauerzug für Franz Josef Strauß am 7. Oktober 1988 wurde im Stil der „pompe funebre", der fürstlichen Leichenbegängnisse früherer Jahrhunderte, inszeniert. Der mit einem Rautentuch bedeckte Sarg wurde aus der Residenz gefahren und am Odeonsplatz mit militärischem Zeremoniell empfangen. Dem Sarg folgten auf dem Weg zum Siegestor etwa hunderttausend Menschen. Es war der größte Leichenzug im Lande seit dem Tod von Kronprinz Rupprecht im Jahre 1955. Beigesetzt wurde Franz Josef Strauß in Rott am Inn, der Heimat seiner wenige Jahre vor ihm verstorbenen Frau Marianne.
Fast vier Jahrzehnte war Strauß in herausragenden politischen Positionen tätig gewesen, viermal Minister in Bonner Kabinetten, 27 Jahre lang Vorsitzender der CSU und zehn Jahre bayerischer Ministerpräsident, und hatte bei zahlreichen Weichenstellungen bundesrepublikanischer Politik maßgeblich mitgewirkt: bei der Durchsetzung der Sozialen Marktwirtschaft, der Integration in das westliche Bündnis und der Suche nach einem neuen Verhältnis zu den östlichen Nachbarn.

Schon in seiner Regierungserklärung am 1. Dezember 1988 formulierte der neue Ministerpräsident **Max Streibl** sein föderalistisches Credo:
„Gerade wir Bayern haben nicht 40 Jahre für den Föderalismus in der Bundesrepublik Deutschland gekämpft, um ihn jetzt auf dem Altar Europas zu opfern."
Streibl setzte daher seine Hoffnung auf das erstarkende Selbstbewusstsein der Regionen in der EG. Am 18. und 19. Oktober 1989 veranstaltete er in München die erste Konferenz **„Europa der Regionen"**. In der „Münchner Entschließung" waren sich die Vertreter der europäischen Regionen einig, dass Föderalismus und Subsidiarität die Bausteine Europas sein müssten.
Konsequenzen dieser Anregungen Streibls waren auf EG-Ebene die Schaffung des „Ausschusses der Regionen" im Vertrag von Maastricht 1992 und die neuen Bestimmungen des Art. 23 GG, des so genannten „Europa-Artikels", der besagt, dass der Bundesrat bei jeder Übertragung von Hoheitsrechten auf die EU mit einer Zweidrittelmehrheit zustimmen muss. Damit sollte der Einfluss der Länder auf die Europapolitik gewährleistet werden.
An der Schwelle zum Europäischen Binnenmarkt, der am 1. Januar 1993 in Kraft trat, war Bayern mit drei Prozent an der Gesamtfläche der EG, mit 3,3 Prozent an der Bevölkerung und mit 4,2 Prozent am Bruttosozialprodukt beteiligt. Mehr als die Hälfte der bayerischen Ausfuhren ging in EG-Staaten, 69,3 Prozent in die Staaten des sich abzeichnenden Europäischen Wirtschaftsraumes. Gleichzeitig war infolge des rapiden agrarischen Strukturwandels die Zahl der Bauernhöfe in Bayern auf 210 000 mit einer landwirtschaftlich genutzten Fläche von rund 3,4 Millionen Hektar geschrumpft. Davon wurden nur noch 95000 im Haupterwerb geführt. Im April 1991 gab es 527000 Familienarbeitskräfte in der Landwirtschaft, etwas mehr als die Hälfte waren teilbeschäftigt.
Der Anteil der Landwirtschaft am Bruttosozialprodukt betrug Mitte der 90er Jahre etwas mehr als ein Prozent. Doch mehr als 85 Prozent der Landesfläche Bayerns wurden von der Land- und Forstwirtschaft bearbeitet oder gestaltet. Ein Gutachten aus dem Jahr 1992 kam zu dem Ergebnis, dass die Landwirtschaft, die nach wie vor die Struktur des ländlichen Raumes trage, nicht allein nach ihrem Beitrag zum Bruttosozialprodukt bewertet werden dürfe.
Dabei hat die 50-jährige „Aufholjagd" Bayerns vom Agrarland zu einem der führenden Technologie- und Dienstleistungsstandorte Deutschlands eine gewisse Korrektur, aber zugleich neue Impulse erfahren, die dem Land neue Kooperationspartner, aber auch neue Konkurrenten bescherten. Bewähren musste sich Bayerns Wirtschaftspolitik nun auch im Vergleich mit anderen deutschen Ländern, nicht zuletzt mit den neuen Ländern in der Europäischen Union.

Die **Grenzöffnung zur DDR am 9. November 1989** und die rasche, geräuschlose Beseitigung des gesamten „Eisernen Vorhangs" befreite Bayern vom Schicksal des Randstaats und gab ihm seinen angestammten Platz im Herzen Europas zurück, verbunden mit der Perspektive einer stärkeren Orientierung nach Osten und Südosten.
Damit entstand aber auch ein ungewohnter Wirtschaftsdruck aus dem Osten durch Billiglohnproduzenten. Die Landesplanung war mit völlig neuen Konstellationen konfrontiert: Das Landesentwicklungsprogramm musste neu konzipiert, grenzüberschreitende Entwicklungskonzepte für Nordostbayern, Nordwestböhmen, für das Sächsische Vogtland, für den Bayerischen Wald, den Böhmerwald und Oberösterreich mussten ausgearbeitet werden.
Die Kommunen griffen das Vorbild der „Euregiones" auf, wie sie bereits in den sechziger Jahren an den Grenzen zu den Niederlanden, zu Frankreich und der Schweiz entwickelt worden waren, etwa in Form der „Euregio Bayerischer Wald – Böhmerwald".

Entscheidend aber war es jenseits aller wirtschaftlichen Interessen, dass die Menschen nun über offene Grenzen ungehindert in den „Goldenen Westen" kommen konnten, wie das Foto zeigt: In dem geteilten Dorf **Mödlareuth** öffnete sich die Grenze am 9. Dezember um 08.00 Uhr im Beisein der beiden Bürgermeister und über 500 Zuschauern. Der Grenzübergang konnte nun täglich von 08.00 bis 22.00 Uhr benutzt werden. Bis Ostern 1990 wurden über 170 derartige Übergangsstellen an der innerdeutschen Grenze errichtet.

Dreieinhalb Monate nach dem Fall der Mauer, am 20. Februar 1990, debattierte der Bayerische Landtag über Wege zur Wiedervereinigung. Alle Parteien waren sich einig, dass das neue Deutschland kein zentralistischer Staat werden dürfte.

Auf Einladung von Ministerpräsident Max Streibl fand am 20. und 21. Dezember 1990 in München eine gesamtdeutsche **Ministerpräsidentenkonferenz** statt, die zweite seit Juni 1947, zu der damals Bayerns Ministerpräsident Hans Ehard eingeladen hatte.
Das Bild gegenüber zeigt neben dem Gastgeber die damals wichtigen Akteure in den Ländern, darunter etwa Johannes Rau für Nordrhein-Westfalen, Gerhard Schröder für Niedersachsen und Kurt Biedenkopffür Sachsen.
Die Regierungschefs der 16 Länder einigten sich auf eine **„Münchner Erklärung"**. Sie enthielt ein Bekenntnis zum Föderalismus und unterstrich seine bedeutsame Rolle im zusammenwachsenden Europa. Deshalb müsse die geplante Politische Union einen dreistufigen Aufbau mit einer Vertretung der Länder und Regionen erhalten, lautete eine der Forderungen.

Als **Hort des Föderalismus** versteht sich Bayern seit Jahrhunderten, eine Linie, die vom monarchischen Souveränitätsdrang eines Ludwig I. über den radikalen Unabhängigkeitsdrang eines Edmund Jörg bis zum revolutionären Selbstständigkeitspostulat eines Kurt Eisner reicht. Im Zentrum der Politik der Regierung Heinrich Helds stand der andauernde Versuch, durch eine Reichsreform den zentralistischen Charakter der Weimarer Republik zugunsten der Länder zu ändern. Nach 1945 kam der Föderalismus als politisches Grundprinzip für das künftige Staatswesen sofort wieder auf die Tagesordnung und wurde von dem Sozialdemokraten Hoegner ebenso glühend verfochten wie von Fritz Schäffer oder Hans Ehard. Auf dieser Kontinuitätslinie, die von der speziellen Parteienstruktur gestützt wird, bewegt sich Bayerns Politik im Verhältnis zum Bund bis heute, erheblich verändert freilich durch die deutsche Wiedervereinigung und die Erweiterung der Europäischen Union. Ob es damit den Wandel der kommenden Jahrzehnte bestehen kann und die Veränderungen so zu dosieren vermag, dass es sein Gesicht als alter Kulturstaat mit einem unverwechselbaren Erbe in Kunst, Kultur und Geschichte, bewahren kann - nicht nur in den Metropolen, sondern auch im ländlichen Raum, wird die Zukunft erweisen.

Zeittafel

375	Eindringen der Hunnen und Völkerwanderung
3.–5. Jhdt.	Einwanderung der Alamannen und Baiern und Stammesbildung unter fränkischer Oberherrschaft
Um 500	Ende der Römerherrschaft
vor 555–788	Bayerisches Stammesherzogtum unter den Agilolfingern
739	Errichtung der vier bayerischen Bistümer Regensburg, Freising, Passau und Salzburg durch Bonifatius
741/2	Gründung des Bistums Würzburg
788	Absetzung Herzog Tassilos III. durch Karl den Großen
867–899	König und Kaiser Arnulf von Kärnten
907	Niederlage des bayerischen Heeres und Tod Markgraf Luitpolds bei Preßburg gegen die Ungarn
947	Belehnung Heinrichs d. Zänkers mit dem Herzogtum Bayern durch seinen Bruder König Otto I.
952	nach Erwerb des Herzogtums Friaul größte Ausdehnung des Herzogtums Bayern
955	Sieg Ottos I. über die Ungarn in der Schlacht auf dem Lechfeld
961	Krönung Ottos I. zum Kaiser
976	Abtrennung des Herzogtums Kärnten von Bayern
1000	Verheiratung von Gisela, der Schwester Herzog Heinrichs II., mit dem ungarischen Thronfolger Stefan
1002	Wahl des bayerischen Herzogs Heinrich zum deutschen König
1014	Krönung Heinrichs II. zum Kaiser
1007	Gründung des Bistums Bamberg
1070	Welf IV. Herzog von Bayern
1156	Privilegium minus: Abtrennung der Ostmark als Herzogtum Österreich von Bayern
1158	„Gründung Münchens" durch Heinrich den Löwen
um 1180–1243	Hedwig von Andechs, spätere Herzogin von Schlesien
1180	Entmachtung Heinrichs des Löwen und Belehnung Ottos von Wittelsbach mit dem Herzogtum Bayern durch Friedrich Barbarossa
1214	Wittelsbacher als Pfalzgrafen bei Rhein
1248	Aussterben des Adelsgeschlechts der Andechs-Meranier

1255	Erste Teilung Bayerns in die Herzogtümer Ober- und Niederbayern
1268	Teile des Staufischen Erbes an die Wittelsbacher
1272	Ende des Adelsgeschlechts der Falkensteiner
1301–1347	Ludwig IV. der Bayer
1311	Sicherung der Freiheiten der Landstände durch die Ottonische Handfeste
1314	Ludwigs Wahl zu deutschen König
1322	Sieg Ludwigs in der Schlacht bei Mühldorf über den Habsburger Friedrich den Schönen; letzte Ritterschlacht in Deutschland
1328	Krönung Ludwigs zum Kaiser durch das Volk von Rom
1329	Hausvertrag von Pavia: Beginn der Wittelsbacher Pfalzlinie bis 1777
1349	Zweite Teilung Bayerns
1356	Kurstimme endgültig an pfälzische Linie
1392	Dritte Teilung Bayerns
1393–1503	„Reiche Herzöge" von Bayern-Landshut
1415	Fränkische Markgrafschaften der Zollern
1421	Reichskleinodien nach Nürnberg
1459–1525	Jakob Fugger der Reiche, Patrizier in Augsburg
1472	Gründung der Universität Ingolstadt
1475	Landshuter Hochzeit
1465–1508	Albrecht IV. der Weise von Bayern-München
1504/05	Vereinigung der bayerischen Teilherzogtümer nach Landshuter Erbfolgekrieg
1505	Gründung des Fürstentums Pfalz-Neuburg (Junge Pfalz)
1505	Erste deutsche Indienexpedition unter der Führung des Augsburger Handelshauses der Welser
1506	Unteilbarkeit des Herzogtums Bayern durch Primogeniturordnung
1508	Rechte der Landstände für das Herzogtum Bayern in „Erklärter Landesfreiheit"
1508–1550	Herzog Wilhelm IV.
1519	Leipziger Disputation zwischen Martin Luther und dem Ingolstädter Professor Johannes Eck
1549	Berufung der Jesuiten nach Ingolstadt
1550–1579	Herzog Albrecht V.
1579–1597	Herzog Wilhelm V. der Fromme
1597/98–1651	Herzog und Kurfürst Maximilian I.
1618–48	Dreißigjähriger Krieg

1620	Sieg Maximilians in der Schlacht am Weißen Berg
1623	Verleihung der Kurwürde an Maximilian
1628	Erwerb der Oberpfalz
1651–1679	Kurfürst Ferdinand Maria
1669	Letztmalige Einberufung der bayerischen Landstände
1679–1726	Kurfürst Max Emanuel
1701–1714	Spanischer Erbfolgekrieg
1704	Niederlage der bayerischen und französischen Armeen bei Höchstädt a. d. Donau und Besetzung Bayerns durch Österreich
1705/06	Erhebung der bayerischen Bauern gegen die österreichische Besetzung
	„Sendlinger Mordweihnacht"
1724	Wittelsbacher Hausunion: Unions- und Erbvertrag zwischen altbayerischer und kurpfälzischer Linie mit gegenseitiger Zusicherung der Erbfolge
1726–1745	Kurfürst Karl Albrecht
1742	Wahl und Krönung Karl Albrechts zum Kaiser (Karl VII.)
1745–1777	Kurfürst Max III. Josef
1777	Aussterben der bayerischen und Erbfolge der pfälzischen Wittelsbacher
1777–1799	Kurfürst Karl Theodor (1742–1777 Kurfürst von der Pfalz)
1791–1805/07	Ansbach und Bayreuth an Preußen
1799–1825	Kurfürst und König Maximilian IV. Joseph aus dem Haus Zweibrücken-Birkenfeld
1799–1817	Maximilian Graf von Montgelas als Minister und führender Politiker
1801	Friede von Lunéville zwischen Frankreich und Österreich mit Abtretung der linksrheinischen Gebiete und Entschädigungsregelung für deutsche Fürsten
1803	Reichsdeputationshauptschluss: Verteilung der enteigneten geistlichen Gebiete und Reichsterritorien durch Reichsgesetz
1805	Vertrag von Bogenhausen, Schutz und Trutzbündnis mit Napoleon
1806	Rheinbund: Zusammenschluss von 16 süd- und westdeutschen Staaten unter dem Protektorat Napoleons
1806	Erhebung Bayerns zum Königreich
1808	Konstitution: erste geschriebene Verfassung Bayerns nach französischem Vorbild
1813	Vertrag von Ried zwischen Bayern und Österreich: Bündniswechsel Bayerns vom Rheinbund zur antinapoleonischen Koalition

1814/15	Neuregelung der europäischen Verhältnisse im Wiener Kongress; weitgehende Bestätigung der bayerischen Territorialgewinne; Bayern im Deutschen Bund
1818	Erste vom König erlassene Verfassung in Bayern mit garantierten Grundrechten und einer Volksvertretung in zwei Kammern
1825–1848	König Ludwig I.
1832	Hambacher Fest: bedeutendste Kundgebung der liberalen und demokratischen Bewegung
1848	Februarrevolution in Paris; Revolution in Wien und Berlin, Unruhen in München und Rücktritt Ludwigs I.
1848–1864	König Maximilian II.
1864–1886	König Ludwig II.
1866	Nach österreichisch-bayerischer Niederlage gegen Preußen Kriegsentschädigung Bayerns an Preußen, Gebietsabtretungen, Schutz- und Trutzbündnis mit Preußen
1868	Gründung der konservativen, großdeutschen Patriotenpartei (1887 umbenannt in Bayerisches Zentrum)
1870	Bayerns Teilnahme am deutsch-französischen Krieg im Bündnis mit Preußen
1871	Bayern im Deutschen Reich
1886–1912	Prinzregent Luitpold
1893	Einzug der SPD in den bayerischen Landtag
1912–1918	König Ludwig III.
7.11.1918	Revolution unter Führung von Kurt Eisner
8.11.1918	„Freistaat" Bayern
15.9.1919	Inkrafttreten der „Bamberger Verfassung"
13.3.1920	Kapp-Putsch gegen die Reichsregierung
8.11.1923	Hitlerputsch in München
1924–1933	Heinrich Held Ministerpräsident
22.3.1933	Errichtung des Konzentrationslagers Dachau
2.8.1935	Ernennung Münchens zur „Hauptstadt der Bewegung"
15.9.1935	Verkündung der „Nürnberger Gesetze"
7.7.1936	Proklamation Nürnbergs zur „Stadt der Reichsparteitage"
9.11.1938	„Reichskristallnacht" mit massiven Ausschreitungen gegen die jüdische Bevölkerung und Zerstörung zahlreicher Synagogen; Organisation durch Goebbels von München aus
9.11.1939	Gescheitertes Bombenattentat Georg Elsers auf Adolf Hitler im Münchner Bürgerbräukeller

10.1941	Beginn der Deportation der bayerischen Juden
16.3.1945	Weitgehende Zerstörung Würzburgs durch einen Bombenangriff
30.4.1945	Besetzung Münchens durch die 7. US-Armee
28.5.1945	Ernennung Fritz Schäffers durch die amerikanische Militärregierung zum Bayerischen Ministerpräsidenten
28.9.1945	Entlassung Schäffers und Ernennung von Wilhelm Hoegner (SPD) zum Bayerischen Ministerpräsidenten durch die US-Militärregierung
1.12.1946	Volksentscheid über die Bayerische Verfassung, Wahl des ersten Nachkriegslandtags
21.12.1946	Wahl von Hans Ehard (CSU) zum Ministerpräsidenten; Bildung einer Koalition mit der SPD
6.–8.6.1947	Konferenz aller deutschen Ministerpräsidenten in München
10.–23.8.1948	Verfassungskonvent von Delegierten der westdeutschen Länder auf Herrenchiemsee
19.5.1949	Ablehnung des Grundgesetzes durch den Landtag, aber Anerkennung seiner Rechtsverbindlichkeit
26.11.1950	Landtagswahlen und Bildung einer Regierungskoalition von CSU und SPD unter Ministerpräsident Ehard
28.11.1954	Landtagswahlen und Bildung der sogenannten „Viererkoalition" unter Ministerpräsident Hoegner (SPD) Einweihung des Lehrreaktors in Garching bei Mnchen („Atomei")
8.10.1957	Zerfall der Viererkoalition, Rücktritt Hoegners und Bildung einer neuen Koalition unter Führung der CSU
1957–1960	Hanns Seidel (CSU) Ministerpräsident
1962–1978	CSU-Kabinette unter Ministerpräsident Alfons Goppel
26.8.–11.9.1972	Olympische Sommerspiele in München
1978–1988	CSU-Kabinette unter Ministerpräsident Franz Josef Strauß
2.7.1979	Nominierung von Strauß zum Kanzlerkandidaten
4.2.1985	Entscheidung für die Wiederaufarbeitungsanlage in Wackersdorf in der Oberpfalz
1988–1993	CSU-Kabinett unter Ministerpräsident Max Streibl
18./19.10.1990	Konferenz „Europa der Regionen" in München
9.11.1989	Öffnung der Grenze zur DDR
20./21.12.1990	Gesamtdeutsche Ministerpräsidentenkonferenz in München und „Münchner Erklärung"

Literaturhinweise

Allgemeines:
HARTMANN, Peter Claus: Bayerns Weg in die Gegenwart. Vom Stammesherzogtum zum Freistaat heute. Regensburg [3]2012.
HOLZFURTNER, Ludwig: Die Wittelsbacher. Staat und Dynastie in acht Jahrhunderten. Stuttgart 2005.
NÖHBAUER, Hans F.: Die Chronik Bayerns. Gütersloh – München [3]1994.
SCHMID, Alois/Katharina WEIGAND (Hrsg.): Die Herrscher Bayerns. 25 historische Portraits von Tassilo III. bis Ludwig III. München 2001
TREML, Manfred (Red.): Politische Geschichte Bayerns. Hrsg. vom Haus der Bayerischen Geschichte. München 1989 (Text auf Homepage www.hdbg.de).

Kapitel 1:
Archäologie in Bayern. Fenster zur Vergangenheit. Hrsg. von der Gesellschaft für Archäologie in Bayern e.V. in Verbindung mit dem Bayerischen Landesamt für Denkmalpflege. Regensburg 2006.
CZYSZ, Wolfgang u. a.: Die Römer in Bayern. Stuttgart 1995.
Das archäologische Jahr in Bayern 1981. Hrsg. von der Gesellschaft für Archäologie in Bayern. Stuttgart 1982.
Das keltische Jahrtausend. Ausstellungskatalog. Hrsg. von Hermann Dannheimer und Rupert Gebhard. Mainz 1993.
Der römische Tempelschatz von Weißenburg. Hrsg. von Hans-Jörg Kellner und Gisela Zahlhaas. Mainz 1993.
FEDERHOFER, Emmi (Hrsg.): Archäologie-Erlebnis Donautal. Ausflüge zu Burgen, Kastellen und Bodendenkmälern zwischen Regensburg und Linz. Regensburg 2010.
FISCHER, Thomas / Erika RIEDMEIER-FISCHER: Der römische Limes in Bayern. Regensburg 2008.
Welterbe Limes. Roms Grenze am Main. Ausstellungskatalog. Hrsg. von Bernd Steidl. München 2008.

Kapitel 2:
Die Bajuwaren. Von Severin bis Tassilo. Ausstellungskatalog. Hrsg. von Hermann Dannheimer und Heinz Dopsch. München 1988.
CHRISTLEIN, Rainer A.: Die Alamannen. Archäologie eines lebendigen Volkes. Stuttgart [2]1979.
Karfunkelstein und Seide. Neue Schätze aus Bayerns Frühzeit. Ausstellungskatalog. Hrsg. von Ludwig Wamser. Regensburg 2010.
Kilian, Mönch aus Irland – aller Franken Patron. Ausstellungskatalog und Aufsatzband. Hrsg. von Johannes Erichsen. München 1989.
KOLMER, Lothar/Christian ROHR (Hrsg.): Tassilo III. von Bayern. Großmacht und Ohnmacht im 8. Jahrhundert. Regensburg 2005.
MENGHIN, Wilfried: Frühgeschichte Bayerns. Römer und Germanen – Baiern und Schwaben – Franken und Slawen. Stuttgart 1990.
STÖRMER, Wilhelm: Die Bajuwaren. Von der Völkerwanderung bis Tassilo. München 2002.
ZEHRFELD, Klaus: Karl der Große gegen Herzog Tassilo III. von Bayern. Der Prozess vor dem Königsgericht in Ingelheim 788. Regensburg 2011.

Kapitel 3:
Aus 1200 Jahren. Ausstellungskatalog Nr. 11. Hrsg. von der Generaldirektion der Staatlichen Archive Bayerns. Neustadt a. d. Aisch 1980.
BAUER, Richard: Geschichte Münchens. Vom Mittelalter bis zur Gegenwart. München 2008.
Bayern – Ungarn. 1000 Jahre. Ausstellungskatalog. Hrsg. von Wolfgang Jahn u. a. Regensburg 2001.
FÖßEL, Amalie (Hrsg.): Die Kaiserinnen des Mittelalters. Regensburg 2011.
Handbuch der bayerischen Geschichte. Bd. 1: Das Alte Bayern. Das Stammesherzogtum bis zum Ausgang des 12. Jahrhunderts. Hrsg. von Max Spindler. München [2]1981.
HECHBERGER, Werner/Florian SCHULLER: Staufer und Welfen. Zwei rivalisierende Dynastien im Hochmittelalter. Regensburg 2009.
HEYDENREUTER, Reinhard: Kleine Münchner Stadtgeschichte. Regensburg 2007.
Kaiser Heinrich II. 1002–1024. Ausstellungskatalog. Hrsg. von Josef Kirmeier u.a. Augsburg 2002.
KAISER, Jürgen: Herrinnen der Welt. Kaiserinnen des Hochmittelalters. Regensburg 2010.
LAUDAGE, Johannes: Friedrich Barbarossa. Eine Biografie. Hrsg. von Lars Hageneier und Matthias Schrör. Regensburg 2009.
LAUDAGE, Johannes: Otto der Große (912–973). Eine Biografie. Regensburg 2006.
Schatzkammer der Residenz München. Ausstellungskatalog. Hrsg. von Hans Thoma und Herbert Brunner. München 1970.
STAHLEDER, Helmut/Richard BAUER (Hrsg.): Chronik der Stadt München. Bd. 1: Herzogs- und Bürgerstadt. Die Jahre 1157–1505. München 2005.
WEINFURTER, Stefan: Heinrich II. Herrscher am Ende der Zeiten. Regensburg [3]2002.

Kapitel 4:
„fürsten in der ferne". Das Herzogtum Niederbayern-Straubing-Holland. Hrsg. vom Haus der Bayerischen Geschichte. Augsburg 2003.
Niederbayerns Reiche Herzöge. Hrsg. vom Haus der Bayerischen Geschichte. Augsburg 2009.
Wittelsbach und Bayern I: Die Zeit der frühen Herzöge. Von Otto I. zu Ludwig dem Bayern. 2 Bde.: Austellungskatalog und Beiträge zur Bayerischen Geschichte und Kultur 1180–1350. Hrsg. von Hubert Glaser. München–Zürich 1980.

Kapitel 5:
Der Fränkische Reichskreis. Hrsg. vom Haus der Bayerischen Geschichte. Augsburg 2003.
Edel und frei. Franken im Mittelalter. Ausstellungskatalog. Hrsg. von Wolfgang Jahn u. a. Augsburg 2004.
Handbuch der bayerischen Geschichte. Band III/1: Geschichte Frankens bis zum Ausgang des 18. Jahrhunderts. Begründet von Max Spindler, neu hrsg. von Andreas Kraus. München ^{3}1997.
Handbuch der bayerischen Geschichte. Band III/2: Geschichte Schwabens bis zum Ausgang des 18. Jahrhunderts. Begründet von Max Spindler, neu hrsg. von Andreas Kraus. München ^{3}2001.
Herzöge und Heilige. Das Geschlecht der Andechs-Meranier im europäischen Hochmittelalter. Ausstellungskatalog. Hrsg. von Josef Kirmaier. München 1993.
KIEẞLING, Rolf: Kleine Geschichte Schwabens. Regensburg 2009.
SCHIENER, Anna: Kleine Geschichte Frankens. Regensburg ^{3}2010.

Kapitel 6:
„Geld und Glaube". Leben in evangelischen Reichsstädten. Ausstellungskatalog. Hrsg. von Wolfgang Jahn u. a. Augsburg 1998.
„... wider Laster und Sünde. Augsburgs Weg in der Reformation. Ausstellungskatalog. Augsburg 1997.
Leben in süddeutschen Städten im 16. Jahrhundert. Hrsg. vom Haus der Bayerischen Geschichte. Augsburg 2000.
Norenberc – Nürnberg. 1050 bis 1806. Ausstellungskatalog. Hrsg. vom Staatsarchiv Nürnberg. München 2000.
ROECK, Bernd: Elias Holl. Ein Architekt der Renaissance. Regensburg 2004.
ROECK, Bernd: Geschichte Augsburgs. München 2005.
SCHIEBER, Martin: Nürnberg. Eine illustrierte Geschichte der Stadt. München 2000.
TAUSCHE, Gerhard/Werner EBERMEIER: Geschichte Landshuts. München 2003.

Kapitel 7:
Adel in Bayern. Ritter, Grafen, Industriebarone. Ausstellungskatalog. Hrsg. von Wolfgang Jahn u. a. Augsburg 2008.
Maximilian I. von Bayern 1573–1651. Fürst der Zeitenwende. Ausstellungskatalog. Hrsg. vom Sadtarchiv Ingolstadt. Ingolstadt 2001.
Rom in Bayern. Kunst und Spiritualität der ersten Jesuiten. Ausstellungskatalog. Hrsg. von Reinhold Baumstark. München 1997.
Von Kaisers Gnaden. 500 Jahre Pfalz-Neuburg. Ausstellungskatalog. Hrsg. vom Haus der Bayerischen Geschichte. Regensburg 2005.
Wittelsbach und Bayern II: Um Glauben und Reich. Kurfürst Maximilian I. 2 Bde: Ausstellungskatalog und Beiträge zur Bayerischen Geschichte und Kultur 1573–1657. Hrsg. von Hubert Glaser. München–Zürich 1980.

Kapitel 8:
Balthasar Neumann. Vollender der mainfränkischen Barockarchitektur. Hrsg. vom Haus der Bayerischen Geschichte. München 1987.
Bauern in Bayern. Von der Römerzeit bis zur Gegenwart. Ausstellungskatalog. Hrsg. von Michael Henker u. a. Regensburg 1992.
Glanz und Ende der alten Klöster. Säkularisation im bayerischen Oberland. Ausstellungskatalog. Hrsg. von Josef Kirmeier und Manfred Treml. München 1991.
Dörfliche Gesellschaft im alten Bayern 1500–1800. Hrsg. vom Haus der Bayerischen Geschichte. München 1992.
Kurfürst Max Emanuel. Bayern und Europa um 1700. Beitragsband und Ausstellungskatalog. Hrsg. von Hubert Glaser. München 1976.
Memento 1705. Die Sendlinger Mordweihnacht. Hrsg. vom Haus der Bayerischen Geschichte. Augsburg 2004.

Übergreifend zum 19. und 20. Jahrhundert:
GÖTSCHMANN, Dirk: Wirtschaftsgeschichte Bayerns. 19. und 20. Jahrhundert Regensburg 2010.
TREML, Manfred (Hrsg. u. Autor): Geschichte des modernen Bayern. Königreich und Freistaat. München ^{3}2006 (Bezug bei der Landeszentrale für politische Bildungsarbeit in München).

Kapitel 9:
Bayern entsteht. Montgelas und sein Ansbacher Mémoire von 1796. Ausstellungskatalog. Hrsg. von Michael Henker u. a. Regensburg 1996.
Bayern ohne Klöster? Die Säkularisation von 1802/03 und die Folgen. Ausstellungskatalog. Hrsg. vom Bayerischen Hauptstaatsarchiv. München 2003.
Wittelsbach und Bayern III: Krone und Verfassung. König Max I. Joseph und der neue Staat. Aufsatzband und Ausstellungskatalog. Hrsg. v. Hubert Glaser. München 1980.
WEIS, Eberhard: Montgelas. Bd. 2: Der Architekt des modernen bayerischen Staates 1799–1838. München 2005.

Kapitel 10:
GOLLWITZER, Heinz: Politik und Kultur in Bayern unter Ludwig I. Hrsg. von Hans-Christof Kraus. Regensburg 2011.
Götterdämmerung. König Ludwig II. und seine Zeit. Aufsatzband und Ausstellungskatalog. Hrsg. von Peter Wolf u. a. Augsburg 2011.
SCHMID, Alois (Hrsg.): 1806 – Bayern wird Königreich. Vorgeschichte – Inszenierung – europäischer Rahmen. Regensburg 2006.
Vorwärts, vorwärts sollst du schauen. Geschichte, Politik und Kunst unter Ludwig I. Aufsatzband und Ausstellungskatalog. Hrsg. von Johannes Erichsen u. a. Regensburg 1986.

Kapitel 11:
HERZ, Rudolf: Hoffmann&Hitler. Fotografie als Medium des Führer-Mythos. Ausstellungskatalog. München 1994.
Revolution! Bayern 1918/19. Hrsg. vom Haus der Bayerischen Geschichte. Augsburg 2008.

Kapitel 12:
Bürokratie und Kult. Das Parteizentrum der NSDAP am Königsplatz in München. Geschichte und Rezeption. Hrsg. von Iris Lauterbach. München – Berlin 1995.
München – „Hauptstadt der Bewegung". Bayerns Metropole und der Nationalsozialismus. Hrsg. von Richard Bauer u. a. München 2002.
SCHMIDT, Alexander: Geländebegehung. Das Reichsparteitagsgelände in Nürnberg. Hrsg. vom Institut für Regionalgeschichte. Nürnberg ^{3}2002.
„Siehe der Stein schreit aus der Mauer". Geschichte und Kultur der Juden in Bayern. Ausstellungskatalog. Nürnberg 1988.
TREML, Manfred u. a.(Hrsg.): Geschichte und Kultur der Juden in Bayern. 2 Bde: Aufsätze und Lebensläufe. München 1988.

Kapitel 13:
Bollwerk der Freiheit. 60 Jahre Bayerische Verfassung und Bayerischer Landtag. Hrsg. vom Haus der Bayerischen Geschichte. Augsburg 2006.
Die Integration der Flüchtlinge und Vertriebenen in Bayern. Versuch einer Bilanz nach 55 Jahren. Hrsg. vom Haus der Bayerischen Geschichte. Augsburg 2006.
Auf dem Weg zum Grundgesetz. Verfassungskonvent Herrenchiemsee 1948. Hrsg. vom Haus der Bayerischen Geschichte. Augsburg 1998.

Kapitel 14:
„Das schönste Amt der Welt". Die bayerischen Ministerpräsidenten von 1945 bis 1993. Hrsg. von der Generaldirektion der Staatlichen Archive Bayerns. München 2000.
München `72. Edition Bayern. Sonderheft 02. Hrsg. vom Haus der Bayerischen Geschichte. Augsburg 2010.
SCHLEMMER, Thomas/Hans WOLLER (Hrsg.): Bayern im Bund, bisher 5 Bde. München2001 ff.
Wiederaufbau und Wirtschaftswunder. Aufsatzband und Ausstellungskatalog. Hrsg. vom Haus der Bayerischen Geschichte. Regensburg 2009.

Bildnachweis

Kapitel 1
Abb. S. 10, 15, 16, 20: Archäolog. Staatssammlung München
Abb. S. 12: Bayer. Landesamt f. Denkmalpflege (BLfD)
Abb. S. 14: Gäubodenmuseum Straubing
Grafik S. 18: BRmedia

Kapitel 2
Abb. S. 22: Oskar Anrather
Abb. S. 25, 29, 31: Archäolog. Staatssammlung München
Abb. S. 28: entnommen aus P. Schreiber, Anderthalb Stunden, Würzburg, Würzburg 1984
Grafik S. 27: BRmedia
Karte S. 24: BLfD

Kapitel 3
Abb. S. 32: Bayer. Schlösserverwaltung München
Abb. S. 35: Benediktinerabtei Scheyarn
Abb. S. 37: Bayer. Staatsbibliothek München
Abb. S. 39: Stadtarchiv Würzburg
Abb. S. 41: Bayer. Hauptstaatsarchiv München (KL Weyarn1)
Karte S. 34: Staatl. Landesbildstelle Südbayern München

Kapitel 4
Abb. S. 42: BLfD (Foto: D. Komma)
Abb. S. 45: Bayer. Nationalmuseum München
Abb. S. 48: Bayer. Hauptstaatsarchiv München
Abb. S. 49: Archiv der LMU München
Abb. S. 50: Geheimes Wittelsbacher Hausarchiv, München
Grafik S. 44: BRmedia
Karte S. 47: Haus der Bayerischen Geschichte Augsburg

Kapitel 5
Abb. S. 52: Stadtarchiv Würzburg
Abb. S. 55: Staatsarchiv Nürnberg
Abb. S. 58: Institut der Englischen Fräulein Niedernburg/ Passau
Abb. S. 61: Pfarrei St. Emmeram Wemding
Grafiken S. 57, 59: BRmedia
Karte S. 54: Staatl. Landesbildstelle Südbayern München

Kapitel 6
Abb. 62, 64: Staatsarchiv Nürnberg
Abb. 65: Privat
Abb. 66, 68, 71: Städtische Kunstsammlungen Augsburg
Abb. 69: Staats- und Stadtbibliothek Augsburg
Abb. S. 73: Museen der Stadt Regensburg

Kapitel 7
Abb. 74: Bayer. Hauptstaatsarchiv München (Bayer. Landschaft Urk. 1506 VII 8)
Abb. S. 76: Bayer. Staatsbibliothek München
Abb. S. 79: Freiherrlich v. Welsersche Familienstiftung
Abb. S. 83: Staatl. Graphische Sammlung München (Inv. Nr. 186087D)
Abb. S. 84: Bayer. Nationalmuseum München
Grafik S. 75: BRmedia

Kapitel 8
Abb. S. 86, 88: Bayer. Schlösserverwaltung München
Abb. S. 89: Bayer. Staatsgemäldesammlungen München
Abb. S. 91: Kath. Kirchenstiftung Hl. Dreifaltigkeit Gaibach
Abb. S. 93: Pfarrkirchenstiftung Polling
Abb. S. 95: Bischöfl. Zentralarchiv Regensburg
Abb. S. 96: Sammlung Graf zu Toerring-Jettenbach

Kapitel 9
Abb. S. 98: Privat
Abb. S. 101: Kirchenstiftung St. Gallus Steinhöring
Abb. S. 103: Stadtgeschichtliche Museen Nürnberg
Abb. S. 105: Stadtmuseum Memmingen
Abb. S. 107: Bayer. Hauptstaatsarchiv München
Abb. S. 108: Bayer. Staatsgemäldesammlungen München
Karte S. 106: Staatl. Landesbildstelle Südbayern München

Kapitel 10
Abb. S. 110: Bayer. Schlösserverwaltung München
Abb. S. 114: BRmedia
Abb. S. 115: Germanisches Nationalmuseum Nürnberg
Abb. S. 117: Bayer. Hauptstaatsarchiv München
Abb. S. 119: Haus der Bayerischen Geschichte Augsburg
Grafiken S. 111, 121: BRmedia

Kapitel 11
Abb. S. 122: Haus der Bayerischen Geschichte Augsburg
Abb. S. 124: Bildarchiv Bayer. Landtag München
Abb. S. 126: Monacensia Bibliothek München
Abb. S. 127: Bayer. Hauptstaatsarchiv München
Abb. S. 129: Bayer. Staatsbibliothek München
Abb. S. 132: Bundesarchiv Koblenz (Bild 102-0034)
Grafiken S. 125, 133: BRmedia

Kapitel 12
Abb. S. 134, 137, 145: Privat
Abb. S. 136: Bayer. Staatsbibliothek München
Abb. S. 140: Staatsarchiv Nürnberg
Abb. S. 141: Bildarchiv SZ
Abb. S. 142: Stadtarchiv Landshut
Abb. S. 143: Stadtarchiv Ichenhausen
Abb. S. 144: Stadtarchiv Nürnberg
Abb. S. 138/139: entnommen aus M. Eichler, Du bist sofort im Bild, Erfurt 1935

Kapitel 13
Abb. S. 146: Bildarchiv SZ
Abb. S. 148, 152, 153, 154: Haus der Bayerischen Geschichte Augsburg
Abb. S. 149: Staatsarchiv Nürnberg
Abb. S. 151: Stadtarchiv Nürnberg
Abb. S. 157: Bayer. Hauptstaatsarchiv München (NL Pfeiffer 173)
Grafiken 155, 159: BRmedia

Kapitel 14
Abb. S. 160, 166: Filmbild BR
Abb. S. 162: Bildarchiv SZ
Abb. S. 163: Bildarchiv Bayer. Landtag München
Abb. S. 169: Gerhard Götz, Schwandorf
Abb. S. 172: Deutsch-Deutsches Archiv Mödlareuth
Abb. S. 168, 170, 173: DPA GmbH (S. 173: Foto A 2900 Hellmann)
Grafiken 164, 167: BRmedia